Impressum
Verlag: BABADADA GmbH, Nedderfeld 112 , 22529 Hamburg
Geschäftsführer / Verlagsleitung: Harald Hof
Druck: Books on Demand GmbH, In de Tarpen 42, 22848 Norderstedt

Imprint
Publisher: BABADADA GmbH, Nedderfeld 112 , 22529 Hamburg, Germany
Managing Director / Publishing direction: Harald Hof
Print: Books on Demand GmbH, In de Tarpen 42, 22848 Norderstedt

學校

σχολείο

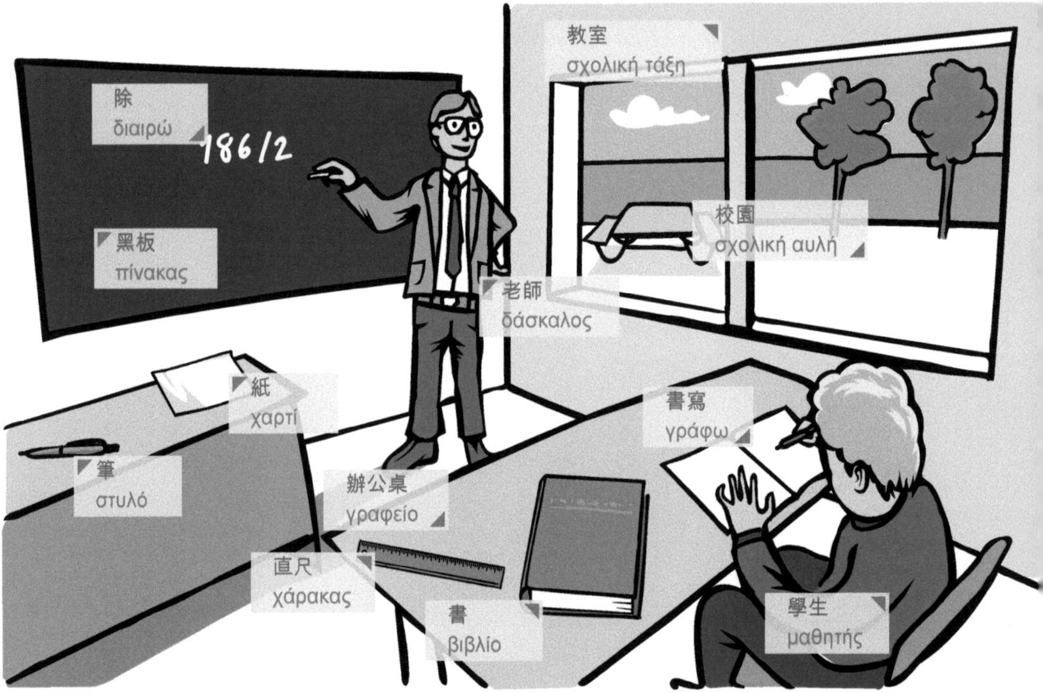

教室
σχολική τάξη
除
διαιρώ
186/2
黑板
πίνακας
老師
δάσκαλος
校園
σχολική αυλή
紙
χαρτί
書寫
γράφω
筆
στυλό
辦公桌
γραφείο
直尺
χάρακας
書
βιβλίο
學生
μαθητής

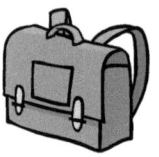

書包

σχολική τσάντα

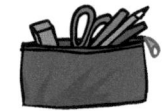

鉛筆盒

κασετίνα/ μολυβοθήκη

鉛筆

μολύβι

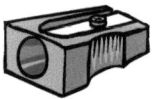

削鉛筆機

ξύστρα

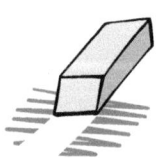

橡皮擦

γόμα

畫板

μπλοκ ζωγραφικής

圖畫
ζωγραφική

畫筆
πινέλο

顏料盒
κουτί χρωμάτων

剪刀
ψαλίδι

膠水
κόλλα

練習冊
τετράδιο ασκήσεων

家庭作業
εργασία για το σπίτι

12

數字
αριθμός

2+2

加
προσθέτω

5-2

減
αφαιρώ

2×2

乘
πολλαπλασιάζω

計算
υπολογίζω

A

字母
γράμμα

ABCDEFG
HIJKLMN
OPQRSTU
VWXYZ

字母表
αλφάβητο

hello

字
λέξη

課文

κείμενο

讀

διαβάζω

粉筆

κιμωλία

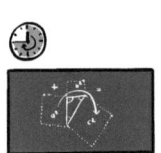

上課

μάθημα

登記

εγγράφομαι

考試

τεστ

證書

πιστοποιητικό

校服

μαθητική στολή

教育

εκπαίδευση

百科全書

εγκυκλοπαίδεια

大學

πανεπιστήμιο

顯微鏡

μικροσκόπιο

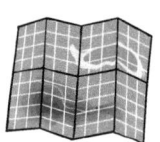

地圖

χάρτης

廢紙簍

καλάθι αχρήστων

旅行

ταξίδι

飯店
ξενοδοχείο
Grand
青年旅社
ξενώνας
ROOMS
EXCHANGE
外幣兌換處
ανταλλακτήρια συναλλάγματος
手提箱
βαλίτσα
汽車
αυτοκίνητο

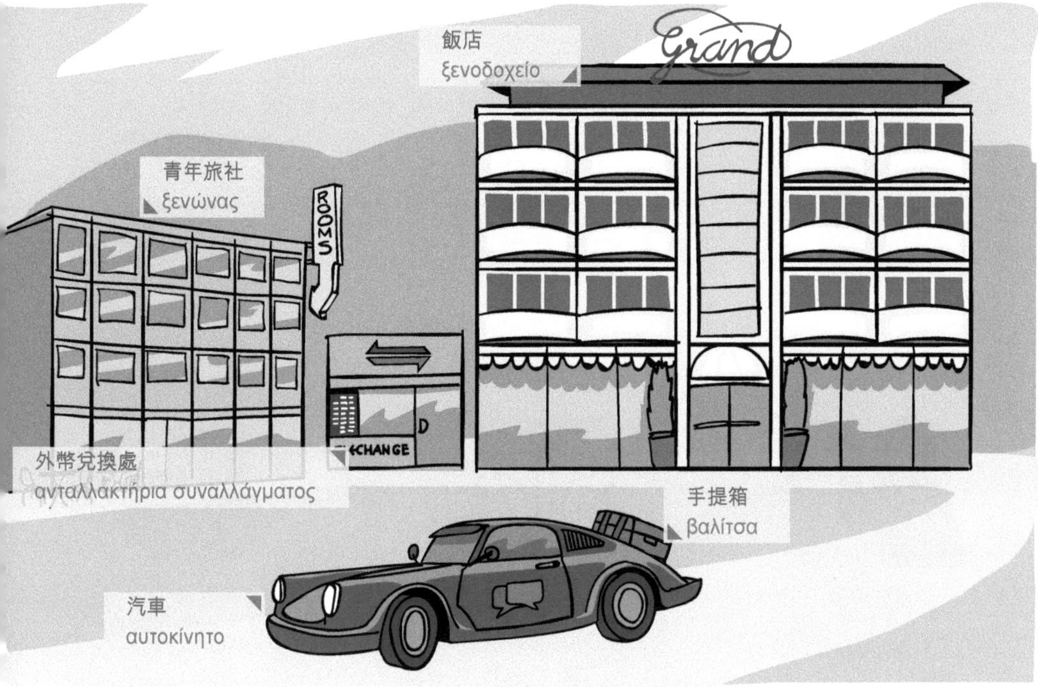

語言

γλώσσα

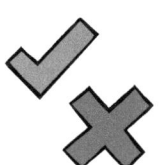

是/否

ναι / όχι

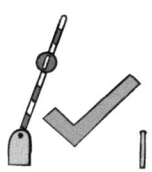

好的

εντάξει

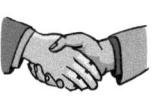

您好

γεια σου

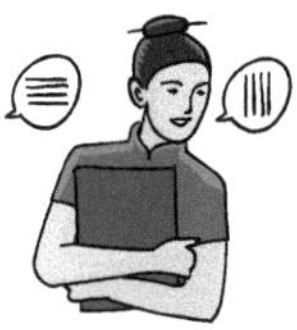

翻譯人員

μεταφραστής

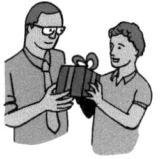

謝謝

Ευχαριστώ

……多少錢？

πόσο κάνει ;

我不明白

Δε καταλαβαίνω

問題

πρόβλημα

晚上好！

Καλησπέρα!

早上好！

Καλημέρα!

晚安！

Καληνύχτα!

再見

Αντίο

方向

κατεύθυνση

行李

αποσκευές

包

τσάντα

背包

σακίδιο πλάτης

客人

καλεσμένος

房間

δωμάτιο

睡袋

υπνόσακος

帳篷

σκηνή

旅行資訊
τουριστικές πληροφορίες

海灘
παραλία

信用卡
πιστωτική κάρτα

早餐
πρωινό

午餐
μεσημεριανό

晚餐
δείπνο

票
εισιτήριο

電梯
ανελκυστήρας

郵票
γραμματόσημο

邊界
σύνορα

海關
τελωνείο

大使館
πρεσβεία

簽證
βίζα

護照
διαβατήριο

交通運送

μεταφορά

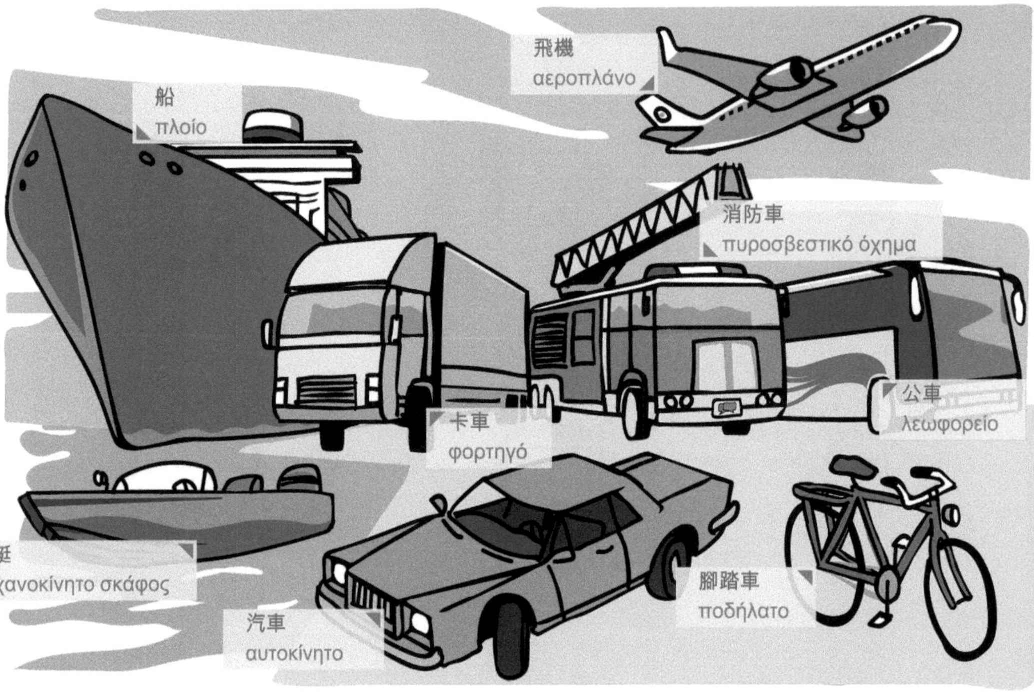

飛機
αεροπλάνο
船
πλοίο
消防車
πυροσβεστικό όχημα
公車
λεωφορείο
卡車
φορτηγό
艇
χανοκίνητο σκάφος
腳踏車
ποδήλατο
汽車
αυτοκίνητο

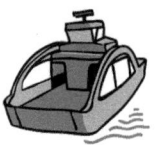

渡輪

φεριμπότ

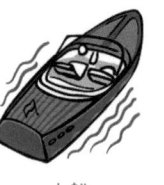

小船

βάρκα

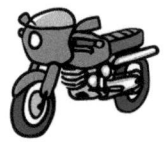

機車

μοτοσικλέτα

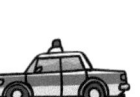

警車

περιπολικό

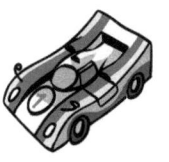

賽車

αγωνιστικό αυτοκίνητο

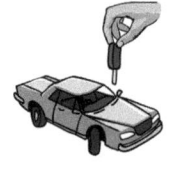

租車

ενοικιαζόμενο αυτοκίνητο

拼車
διαμοιρασμός αυτοκινήτων

拖車
γερανός

垃圾車
απορριμματοφόρο

馬達
κινητήρας

汽油
καύσιμο

加油站
βενζινάδικο

交通標識
πινακίδα σήμανσης

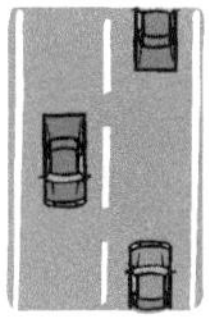

交通
κυκλοφορία

交通堵塞
κυκλοφοριακή συμφόρηση

停車場
χώρος στάθμευσης

火車站
σιδηροδρομικός σταθμός

軌道
σιδηροδρομικές γραμμές

火車
τρένο

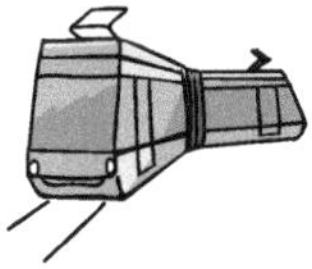

路面電車
τραμ

客車廂
βαγόνι

直升機

ελικόπτερο

機場

αεροδρόμιο

塔

πύργος

乘客

επιβάτης

集裝箱

εμπορευματοκιβώτιο

紙板箱

χαρτοκιβώτιο

手推車

καρότσι

籃子

καλάθι

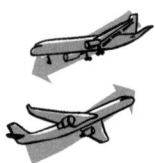

起飛/降落

απογειώνομαι /
προσγειόνομαι

城市

πόλη

村莊

χωριό

市中心

κέντρο της πόλης

房子

σπίτι

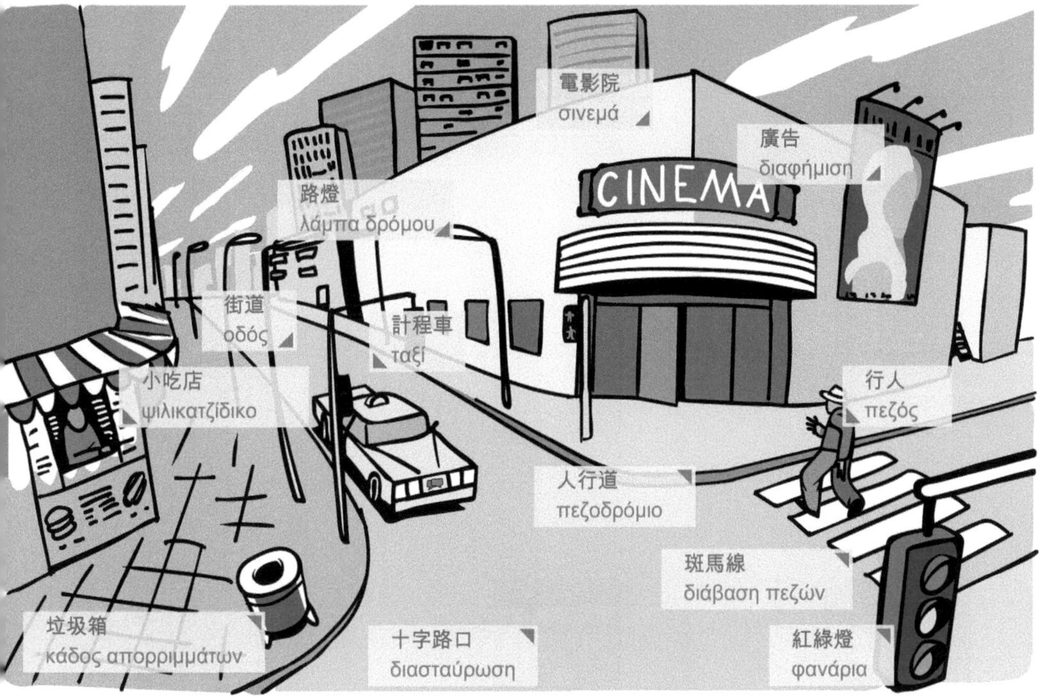

電影院
σινεμά
廣告
διαφήμιση
CINEMA
路燈
λάμπα δρόμου
街道
οδός
計程車
ταξί
小吃店
ψιλικατζίδικο
行人
πεζός
人行道
πεζοδρόμιο
斑馬線
διάβαση πεζών
垃圾箱
κάδος απορριμμάτων
十字路口
διασταύρωση
紅綠燈
φανάρια

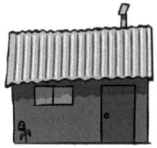

小屋

καλύβα

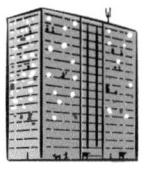

公寓

διαμέρισμα

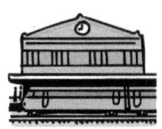

火車站

σιδηροδρομικός σταθμός

市政廳

δημαρχείο

MUSEUM

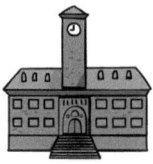

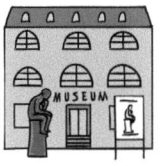

博物館

μουσείο

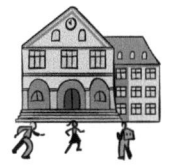

學校

σχολείο

大學

πανεπιστήμιο

銀行

τράπεζα

醫院

νοσοκομείο

飯店

ξενοδοχείο

藥房

φαρμακείο

辦公室

γραφείο

書店

βιβλιοπωλείο

商店

κατάστημα

花店

ανθοπωλείο

超市

σούπερ μάρκετ

市場

αγορά

百貨商店

πολυκατάστημα

魚店

ιχθυοπωλείο

購物中心

εμπορικό κέντρο

海港

λιμάνι

公園
πάρκο

長凳
παγκάκι

橋
γέφυρα

樓梯
σκάλες

捷運
μετρό

隧道
τούνελ

公車站
στάση λεωφορείου

酒吧
μπαρ

餐館
εστιατόριο

郵筒
γραμματοκιβώτιο

路標
πινακίδα δρόμου

停車計時器
παρκόμετρο

動物園
ζωολογικός κήπος

游泳池
πισίνα

清真寺
τζαμί

農場
αγρόκτημα

污染
ρύπανση

墓地
νεκροταφείο

教堂
εκκλησία

操場
παιδική χαρά

寺廟
ναός

地形
τοπίο

樹葉
φύλλο

指示牌
πινακίδα κατεύθυνσης

路
δρόμος

草地
λιβάδι

石頭
πέτρα

樹
δέντρο

徒步旅行者
πεζοπόρος

河
ποτάμι

草
χορτάρι

花
λουλούδι

峽谷

κοιλάδα

丘陵

λόφος

湖

λίμνη

森林

δάσος

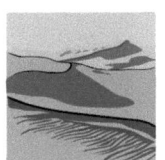

沙漠

έρημος

火山

ηφαίστειο

城堡

κάστρο

彩虹

ουράνιο τόξο

蘑菇

μανιτάρι

棕櫚樹

φοίνικας

蚊子

κουνούπι

蒼蠅

μύγα

螞蟻

μυρμήγκι

蜜蜂

μέλισσα

蜘蛛

αράχνη

甲蟲

σκαθάρι

青蛙

βάτραχος

松鼠

σκίουρος

刺蝟

σκαντζόχοιρος

野兔

λαγός

貓頭鷹

κουκουβάγια

鳥

πουλί

天鵝

κύκνος

野豬

αγριογούρουνο

鹿

ελάφι

麋鹿

άλκη

水壩

φράγμα

風力發電機

ανεμογεννήτρια

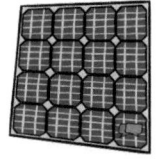

太陽能電池板

ηλιακός συλλέκτης

氣候

κλίμα

服務生
σερβιτόρος

菜譜
κατάλογος

椅子
καρέκλα

湯
σούπα

披薩餅
πίτσα

桌布
τραπεζομάντιλο

餐具
μαχαιροπίρουνα

前菜
ορεκτικό

主菜
κύριο πιάτο

甜點
επιδόρπιο

飲料
ποτά

食物
φαγητό

瓶子
μπουκάλι

速食

φαστ φουντ

街邊小吃

φαγητό στ' όρθιο

茶壺

τσαγιέρα

糖盒

δοχείο ζάχαρης

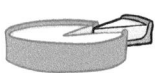

一份飯菜

μερίδα

義式咖啡機

μηχανή εσπρέσο

高腳椅

ψηλή καρέκλα

帳單

λογαριασμός

托盤

δίσκος

刀

μαχαίρι

餐叉

πιρούνι

勺子

κουτάλι

茶匙

κουταλάκι του τσαγιού

餐巾

πετσέτα φαγητού

玻璃杯

ποτήρι

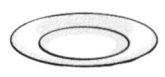

碟子

πιάτο

湯盤

πιάτο σούπας

碟子

πιατάκι φλιτζανιού

醬

σάλτσα

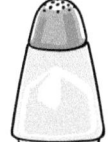

鹽瓶

αλατιέρα

胡椒研磨罐

μύλος για πιπέρι

醋

ξύδι

食用油

λάδι

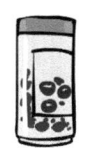

調味料

μπαχαρικά

番茄醬

κέτσαπ

芥末

μουστάρδα

美乃滋

μαγιονέζα

超市

σούπερ μάρκετ

特價
προσφορά
顧客
πελάτης
乳製品
γαλακτοκομικά προϊόντα
水果
φρούτα
購物車
καρότσι για ψώνια
FOR

BUTCHERS

肉鋪

κρεοπωλείο

BAKERY

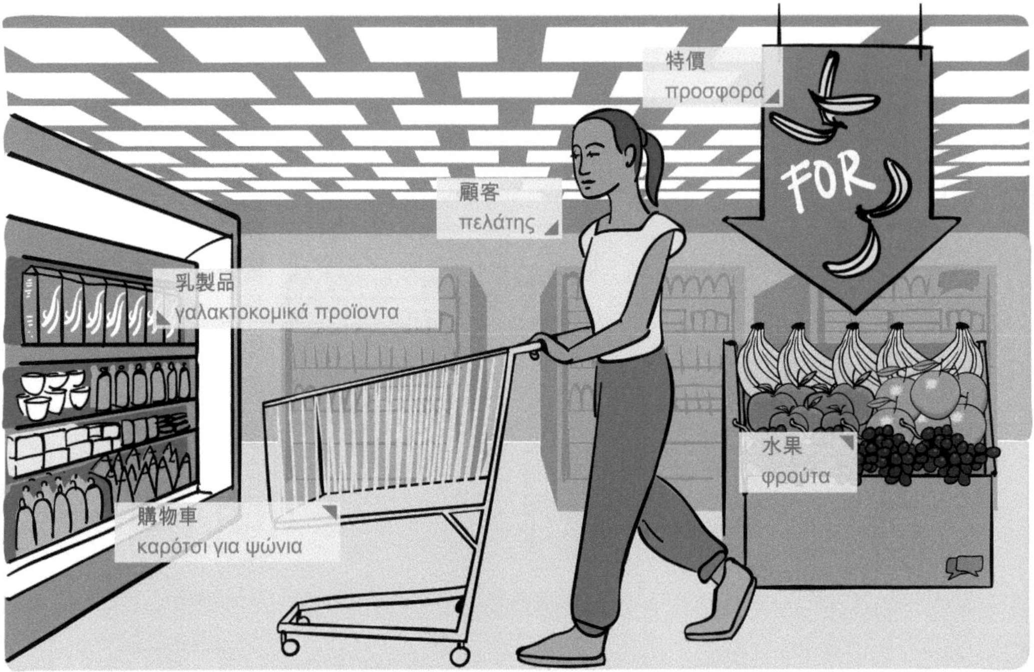

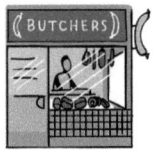

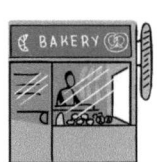

麵包店

φούρνος

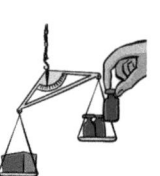

稱重

ζυγίζω

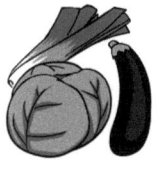

蔬菜

λαχανικά

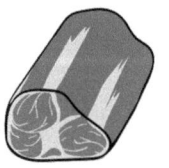

肉

κρέας

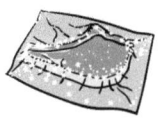

冷凍食品

κατεψυγμένα τρόφιμα

冷盤
αλλαντικά

罐頭食品
κονσερβοποιημένη τροφή

洗衣粉
απορρυπαντικό ρούχων

甜食
γλυκά

日用品
οικιακά είδη

清潔用品
καθαριστικά προϊόντα

銷售員
πωλήτρια

收銀機
ταμείο

收銀員
ταμίας

購物清單
λίστα για ψώνια

開放時間
ωράριο λειτουργίας

錢包
πορτοφόλι

信用卡
πιστωτική κάρτα

袋子
τσάντα

塑膠袋
πλαστική σακούλα

水

νερό

果汁

χυμός

牛奶

γάλα

可樂

κόκα κόλα

紅酒

κρασί

啤酒

μπίρα

酒

αλκοόλ

可可

κακάο

茶

τσάι

咖啡

καφές

義式濃縮咖啡

εσπρέσο

卡布奇諾

καπουτσίνο

香蕉

μπανάνα

蘋果

μήλο

柳丁

πορτοκάλι

西瓜

πεπόνι

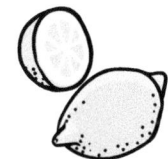

檸檬

λεμόνι

胡蘿蔔

καρότο

大蒜

σκόρδο

竹子

μπαμπού

洋蔥

κρεμμύδι

蘑菇

μανιτάρι

堅果

ξηροί καρποί

麵條

νουντλς

義大利麵

μακαρόνια

米飯

ρύζι

沙拉

σαλάτα

薯條

πατατάκια

炸馬鈴薯

τηγανητές πατάτες

披薩餅

πίτσα

漢堡

χάμπουργκερ

三明治

σάντουιτς

炸豬排

κοτολέτα

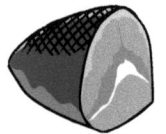

火腿

ζαμπόν

義大利臘腸

σαλάμι

香腸

λουκάνικο

雞肉

κοτόπουλο

烤肉

ψητό

魚

ψάρι

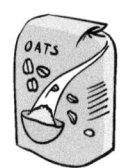

燕麥片

χυλός βρώμης

木斯里

μούσλι

玉米片

κορν φλέικς

麵粉

αλεύρι

牛角麵包

κρουασάν

麵包捲

ψωμάκι

麵包

ψωμί

吐司

τοστ

餅乾

μπισκότα

奶油

βούτυρο

凝乳

τυρόπηγμα

蛋糕

κέικ

蛋

αυγό

煎蛋

τηγανητό αυγό

起司

τυρί

冰淇淋
παγωτό

糖
ζάχαρη

蜂蜜
μέλι

果醬
μαρμελάδα

巧克力醬
άλλειμμα σοκολάτας

咖哩
κάρυ

農場

αγρόκτημα

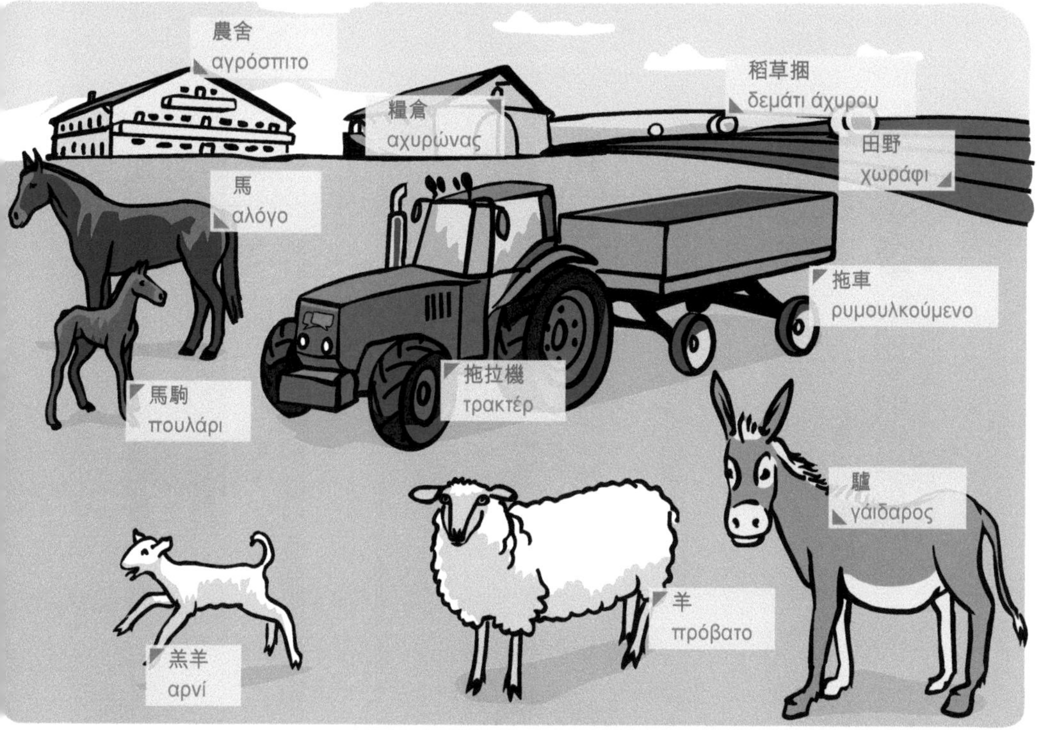

農舍
αγρόσπιτο
糧倉
αχυρώνας
稻草捆
δεμάτι άχυρου
田野
χωράφι
馬
αλόγο
拖車
ρυμουλκούμενο
拖拉機
τρακτέρ
馬駒
πουλάρι
驢
γάιδαρος
羊
πρόβατο
羔羊
αρνί

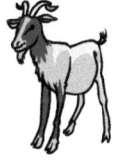

山羊

κατσίκα

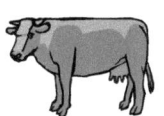

奶牛

αγελάδα

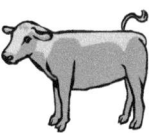

小牛

μοσχαράκι

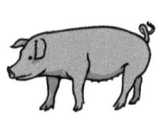

豬

γουρούνι

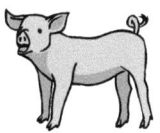

小豬

γουρουνάκι

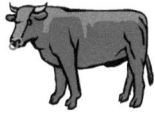

公牛

ταύρος

鵝
χήνα

鴨
πάπια

小雞
κοτοπουλάκι

母雞
κότα

公雞
κόκορας

鼠
αρουραίος

貓
γάτα

老鼠
ποντίκι

牛
βόδι

狗
σκύλος

狗屋
σπιτάκι σκύλου

花園澆水軟管
λάστιχο κήπου

澆水壺
ποτιστήρι

長柄大鐮刀
θεριστήρι

犁
αλέτρι

鐮刀

δρεπάνι

鋤頭

τσάπα

長柄草耙

δίκρανο

斧頭

τσεκούρι

獨輪手推車

χειράμαξα

飼料槽

ταΐστρα

牛奶罐

δοχείο γάλακτος

麻布袋

σάκος

柵欄

φράχτης

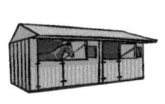

馬廄

στάβλος

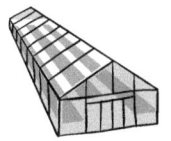

溫室

θερμοκήπιο

土壤

έδαφος

種子

σπόρος

肥料

λίπασμα

聯合收割機

θεριζοαλωνιστική μηχανή

收割
θερίζω

收割
συγκομιδή

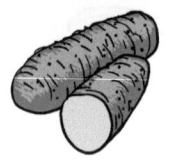

地瓜
γιαμς

小麥
σιτάρι

大豆
σόγια

土豆
πατάτα

玉米
καλαμπόκι

油菜籽
κράμβη

果樹
οπωροφόρο δέντρο

樹薯
μανιόκα

穀物
δημητριακά

房子

σπίτι

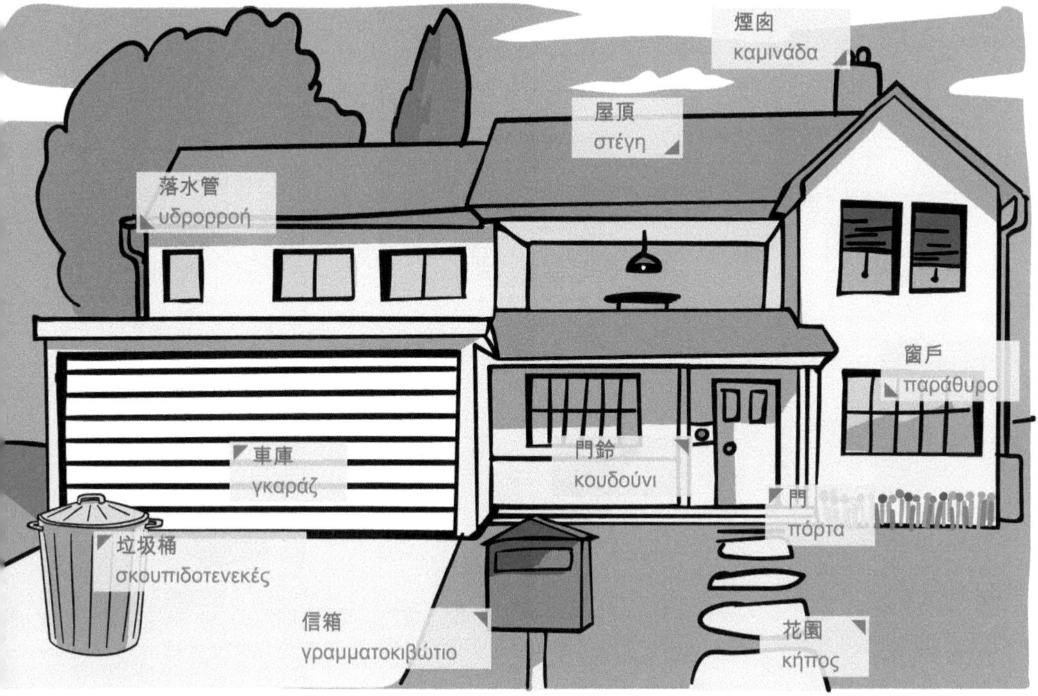

煙囱
καμινάδα
屋頂
στέγη
落水管
υδρορροή
窗戶
παράθυρο
車庫
γκαράζ
門鈴
κουδούνι
門
πόρτα
垃圾桶
σκουπιδοτενεκές
信箱
γραμματοκιβώτιο
花園
κήπος

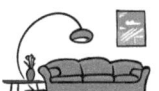

客廳

σαλόνι

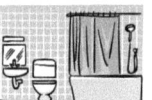

浴室

μπάνιο

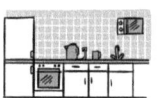

廚房

κουζίνα

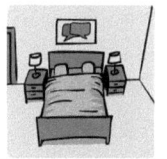

臥室

υπνοδωμάτιο

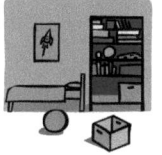

兒童房

παιδικό δωμάτιο

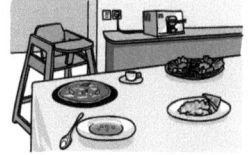

餐廳

τραπεζαρία

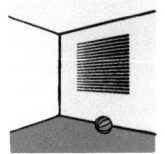

地板

πάτωμα

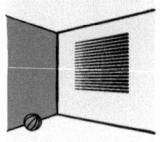

牆壁

τοίχος

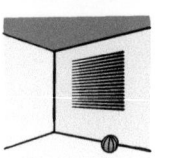

天花板

οροφή

地窖

κελάρι

三溫暖

σάουνα

陽臺

μπαλκόνι

露臺

βεράντα

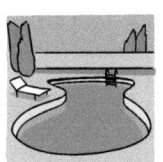

游泳池

πισίνα

割草機

μηχανή του γκαζόν

被單

σεντόνι

床罩

κάλυμμα κρεβατιού

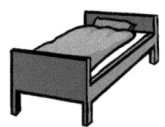

床

κρεβάτι

掃帚

σκούπα

水桶

κουβάς

開關

διακόπτης

客廳

σαλόνι

壁紙
ταπετσαρία
相片
φωτογραφία
檯燈
λάμπα
擱架
ράφι
櫥櫃
ντουλάπι
電視
τηλεόραση
壁爐
τζάκι
花
λουλούδι
墊子
μαξιλάρι
沙發
καναπές
花瓶
βάζο
遙控器
τηλεκοντρόλ

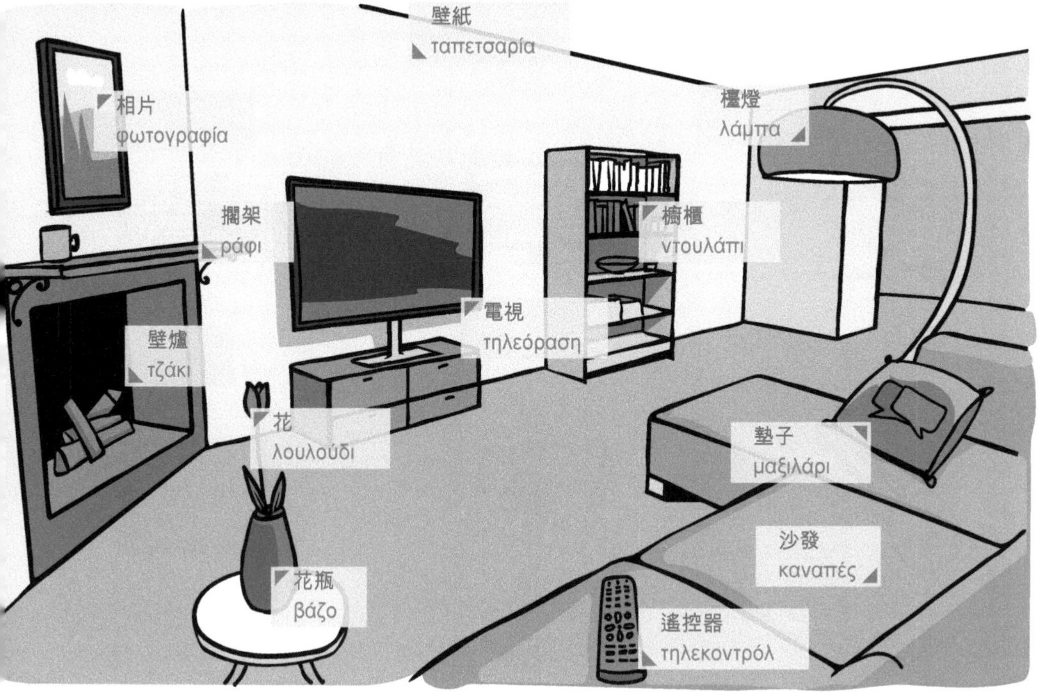

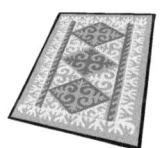

地毯

χαλί

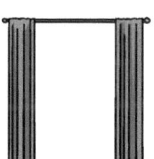

窗簾

κουρτίνα

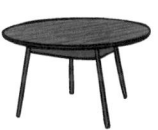

餐桌

τραπέζι

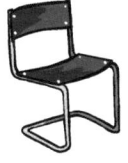

椅子

καρέκλα

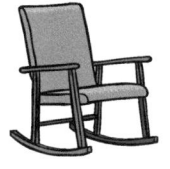

搖椅

κουνιστή πολυθρόνα

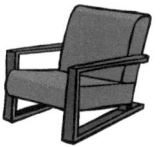

扶手椅

πολυθρόνα

書
βιβλίο

毯子
κουβέρτα

裝飾品
διακόσμηση

木柴
καυσόξυλα

電影
ταινία

高傳真音響
στερεοφωνικό σύστημα

鑰匙
κλειδί

報紙
εφημερίδα

油畫
πίνακας ζωγραφικής

海報
αφίσα

收音機
ραδιόφωνο

筆記本
σημειωματάριο

吸塵器
ηλεκτρική σκούπα

仙人掌
κάκτος

蠟燭
κερί

廚房

κουζίνα

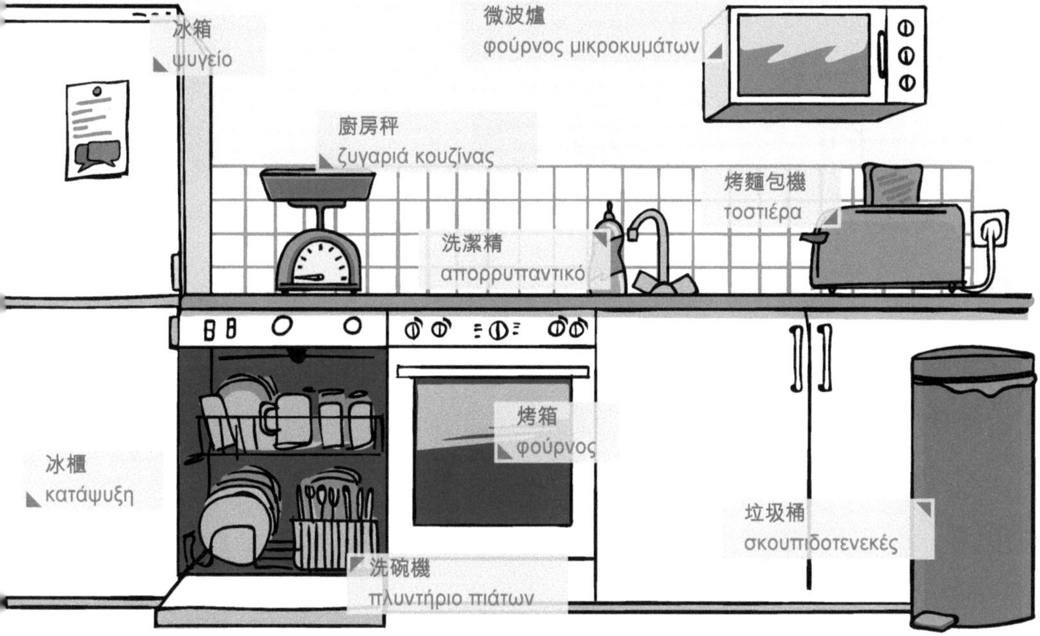
冰箱
ψυγείο
微波爐
φούρνος μικροκυμάτων
廚房秤
ζυγαριά κουζίνας
烤麵包機
τοστιέρα
洗潔精
απορρυπαντικό
烤箱
φούρνος
冰櫃
κατάψυξη
垃圾桶
σκουπιδοτενεκές
洗碗機
πλυντήριο πιάτων

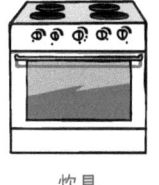

炊具

κουζίνα

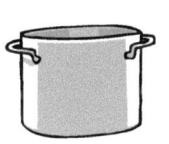

鍋

κατσαρόλα

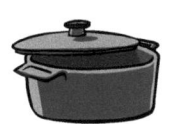

鑄鐵鍋

μαντεμένια κατσαρόλα

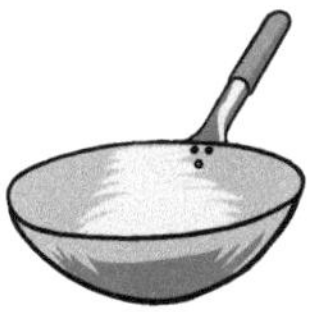

炒鍋

γουόκ/καντάι

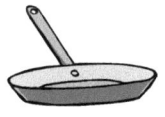

平底鍋

τηγάνι

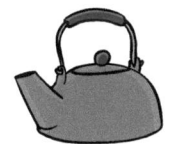

水壺

βραστήρας

蒸鍋

ατμομάγειρας

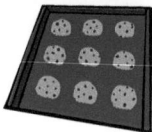

烤盤

ταψί

陶瓷鍋

πιατικά

馬克杯

κούπα

碗

μπολ

筷子

ξυλάκια

長柄勺

κουτάλα

鏟子

σπάτουλα

攪拌器

ανακατεύω

濾網

σουρωτήρι

篩子

σουρωτηράκι

磨碎機

τρίφτης

研缽

γουδί

燒烤

ψησταριά

明火

ανοιχτή φωτιά

菜板

σανίδα κοπής

擀麵杖

πλάστης

開瓶器

ανοιχτήρι φελλών

罐子

κονσέρβα

開罐器

ανοιχτήρι κονσέρβας

隔熱手套

γάντι φούρνου

水槽

νεροχύτης

刷子

βούρτσα

海綿

σφουγγάρι

攪拌機

μπλέντερ

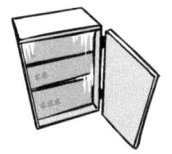

冷藏箱

καταψύκτης

奶瓶

μπιμπερό

水龍頭

βρύση

廚房 - κουζίνα

浴室

μπάνιο

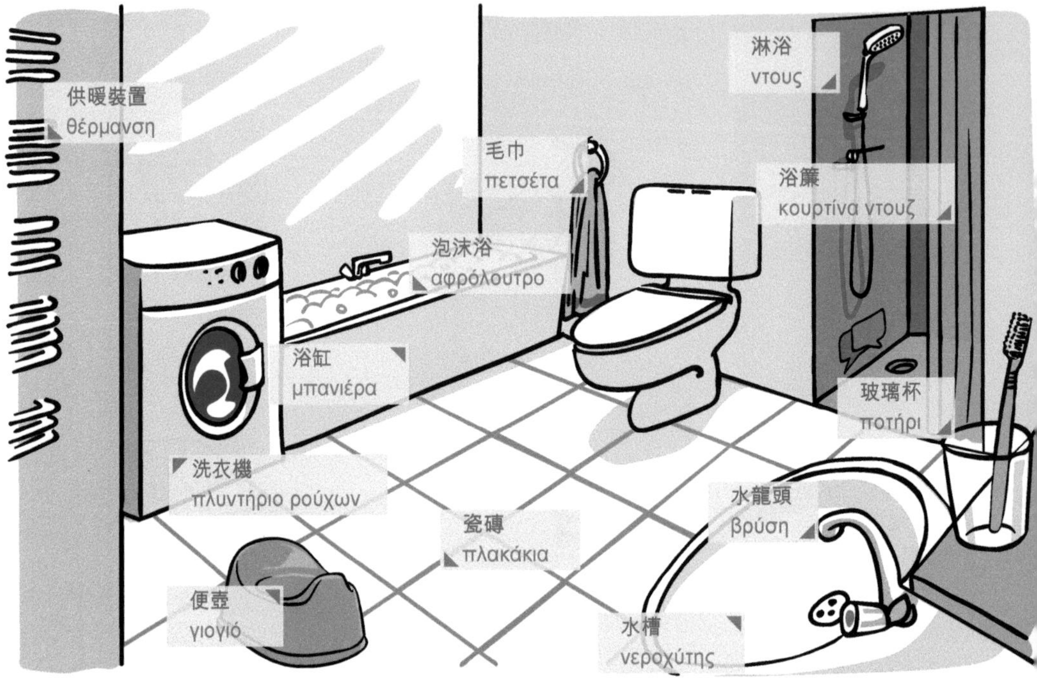

淋浴
ντους
供暖裝置
θέρμανση
毛巾
πετσέτα
浴簾
κουρτίνα ντουζ
泡沫浴
αφρόλουτρο
浴缸
μπανιέρα
玻璃杯
ποτήρι
洗衣機
πλυντήριο ρούχων
水龍頭
βρύση
瓷磚
πλακάκια
便壺
γιογιό
水槽
νεροχύτης

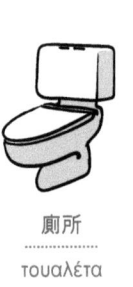

廁所
τουαλέτα

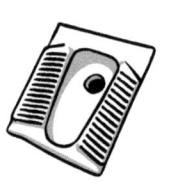

蹲便器
τούρκικη τουαλέτα

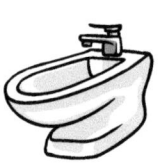

坐浴器
μπιντές

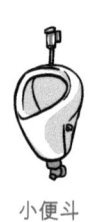

小便斗
ουρητήριο

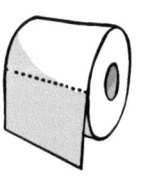

廁紙
χαρτί υγείας

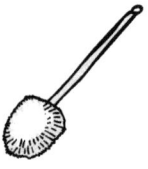

馬桶刷
πιγκάλ

牙刷
οδοντόβουρτσα

牙膏
οδοντόκρεμα

牙線
οδοντικό νήμα

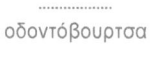

洗
πλένω

手持式蓮蓬頭
τηλέφωνο ντους

沖洗器
ντουσιέρα

洗臉盆
λεκάνη

洗背刷
βούρτσα πλάτης

肥皂
σαπούνι

沐浴露
αφρόλουτρο

洗髮乳
σαμπουάν

法蘭絨
φανέλα

排水
σιφόνι

乳霜
κρέμα

除臭劑
αποσμητικό

鏡子

καθρέφτης

手鏡

καθρέφτης χειρός

刮鬍刀

ξυραφάκι

刮鬍泡沫

αφρός ξυρίσματος

鬍後水

αφτερσέιβ

梳子

χτένα

刷子

βούρτσα

吹風機

σεσουάρ

噴髮定型劑

λακ

化妝品

μακιγιάζ

唇膏

κραγιόν

指甲油

βερνίκι νυχιών

化妝棉

βαμβάκι

指甲剪

ψαλίδι νυχιών

香水

άρωμα

洗漱包

νεσεσέρ

凳子

σκαμπό

計重秤

ζυγαριά

浴袍

μπουρνούζι

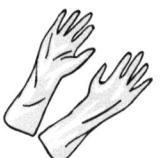

橡膠手套

ελαστικά γάντια

衛生棉條

ταμπόν

衛生棉

πετσέτα υγιεινής

化學廁所

χημική τουαλέτα

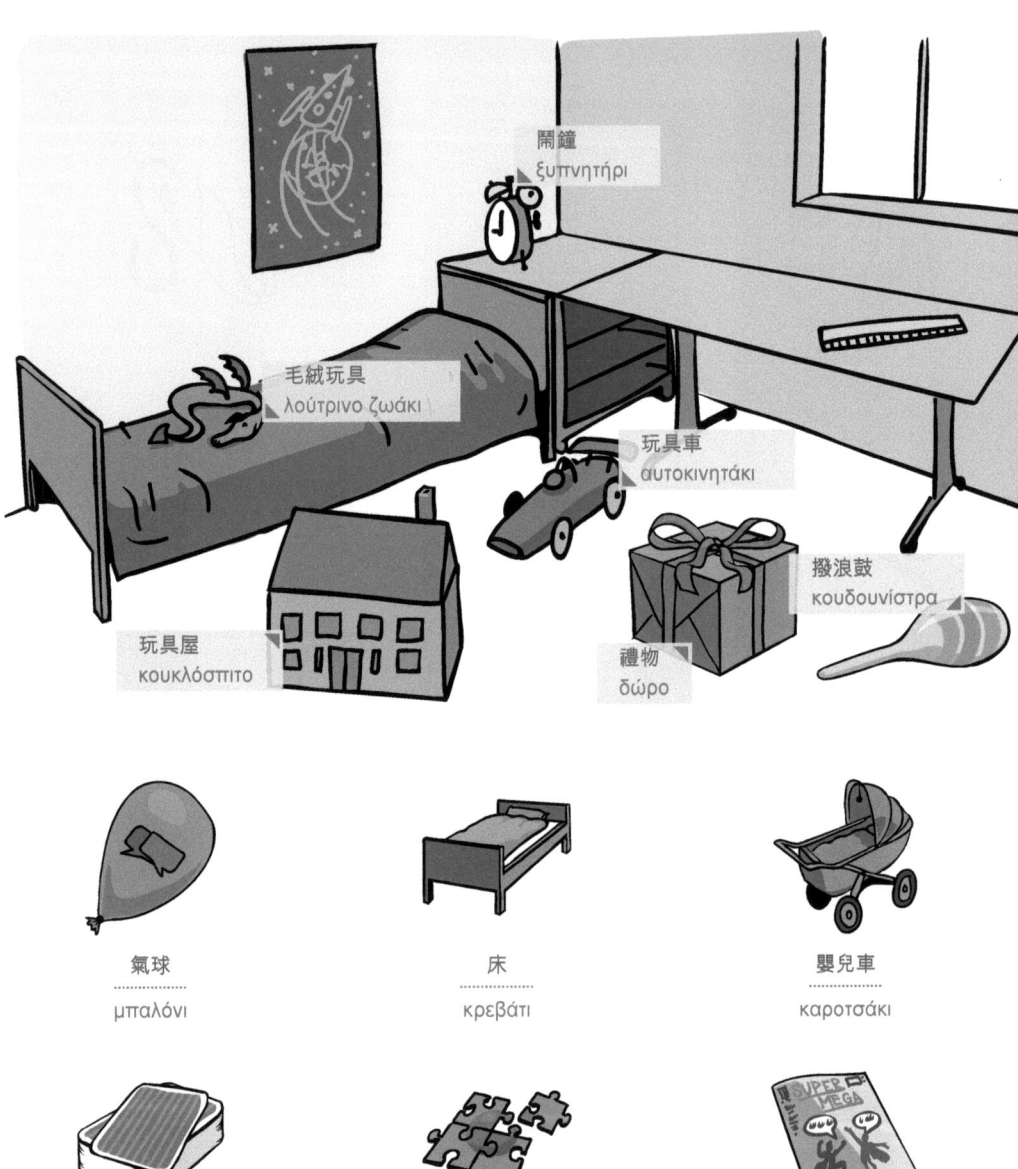

鬧鐘
ξυπνητήρι

毛絨玩具
λούτρινο ζωάκι

玩具車
αυτοκινητάκι

撥浪鼓
κουδουνίστρα

玩具屋
κουκλόσπιτο

禮物
δώρο

氣球
μπαλόνι

床
κρεβάτι

嬰兒車
καροτσάκι

撲克牌
τράπουλα

拼圖
παζλ

漫畫
κόμικς

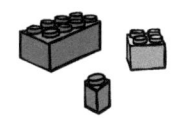

樂高積木

τουβλάκια lego

積木玩具

τουβλάκια κατασκευών

公仔

φιγούρα δράσης

嬰兒服

βρεφικό φορμάκι

飛盤

φρίσμπι

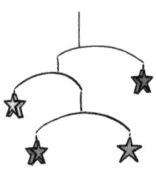

床鈴玩具

μόμπιλο

棋盤遊戲

επιτραπέζιο παιχνίδι

骰子

ζάρια

火車模型

σετ τρενάκι

安撫奶嘴

πιπίλα

派對

πάρτι

繪本

εικονογραφημένο βιβλίο

球

μπάλα

洋娃娃

κούκλα

玩

παίζω

沙坑

σκάμμα με άμμο

鞦韆

κούνια

玩具

παιχνίδια

電玩遊戲

κονσόλα βιντεοπαιχνιδιών

三輪車

τρίκυκλο

泰迪熊

αρκουδάκι

衣櫃

ντουλάπα

衣服

ρούχα

襪子

κάλτσες

長襪

καλτσοδέτες

緊身褲

καλσόν

圍巾 κασκόλ

雨傘 ομπρέλα

T恤 μπλουζάκι

皮帶 ζώνη

靴子 μπότες

拖鞋 παντόφλες

運動鞋 αθλητικά παπούτσια

涼鞋
σανδάλια

鞋
παπούτσια

雨靴
γαλότσες

內褲
εσώρουχο

胸罩
σουτιέν

背心
φανέλα

衣服 - ρούχα

身體
σώμα

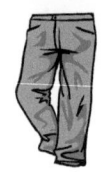

褲子
παντελόνι

牛仔褲
τζιν παντελόνι

短裙
φούστα

女式襯衫
μπλούζα

襯衫
πουκάμισο

套頭衫
πουλόβερ

連帽上衣
πουλόβερ

西裝夾克
σακάκι

夾克
μπουφάν

外套
παλτό

雨衣
αδιάβροχο πανωφόρι

套裝
κοστούμι

連衣裙
φόρεμα

婚紗
νυφικό

西裝
κοστούμι

睡袍
νυχτικό

睡衣
πιτζάμες

莎麗
σάρι

頭巾
μαντήλι

包頭巾
τουρμπάνι

波卡
μπούρκα

卡夫坦
καφτάνι

(阿拉伯式)長袍
μουσουλμανικό ένδυμα

泳衣
ολόσωμο μαγιό

男式泳褲
ανδρικό μαγιό

短褲
σορτς

運動服
αθλητική φόρμα

圍裙
ποδιά

手套
γάντια

衣服 - ρούχα

鈕扣

κουμπί

眼鏡

γυαλιά

手鏈

βραχιόλι

項鍊

περιδέραιο

戒指

δαχτυλίδι

耳環

σκουλαρίκι

便帽

καπέλο

衣架

κρεμάστρα

帽子

καπέλο

領帶

γραβάτα

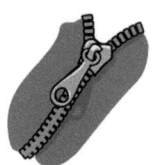

拉鍊

φερμουάρ

安全帽

κράνος

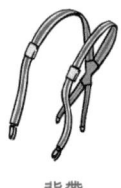

背帶

τιράντες

校服

μαθητική στολή

制服

στολή

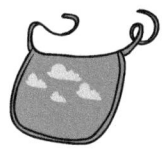

圍兜

σαλιάρα

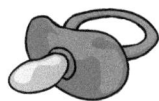

安撫奶嘴

πιπίλα

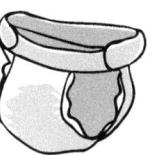

尿布

πάνα

辦公室

γραφείο

伺服器
σέρβερ
檔案櫃
αρχειοθήκη
印表機
εκτυπωτής
紙
χαρτί
螢幕
οθόνη
滑鼠
ποντίκι
辦公桌
γραφείο
資料夾
ντοσιέ
鍵盤
πληκτρολόγιο
椅子
καρέκλα
廢紙簍
καλάθι αχρήστων
電腦
υπολογιστής

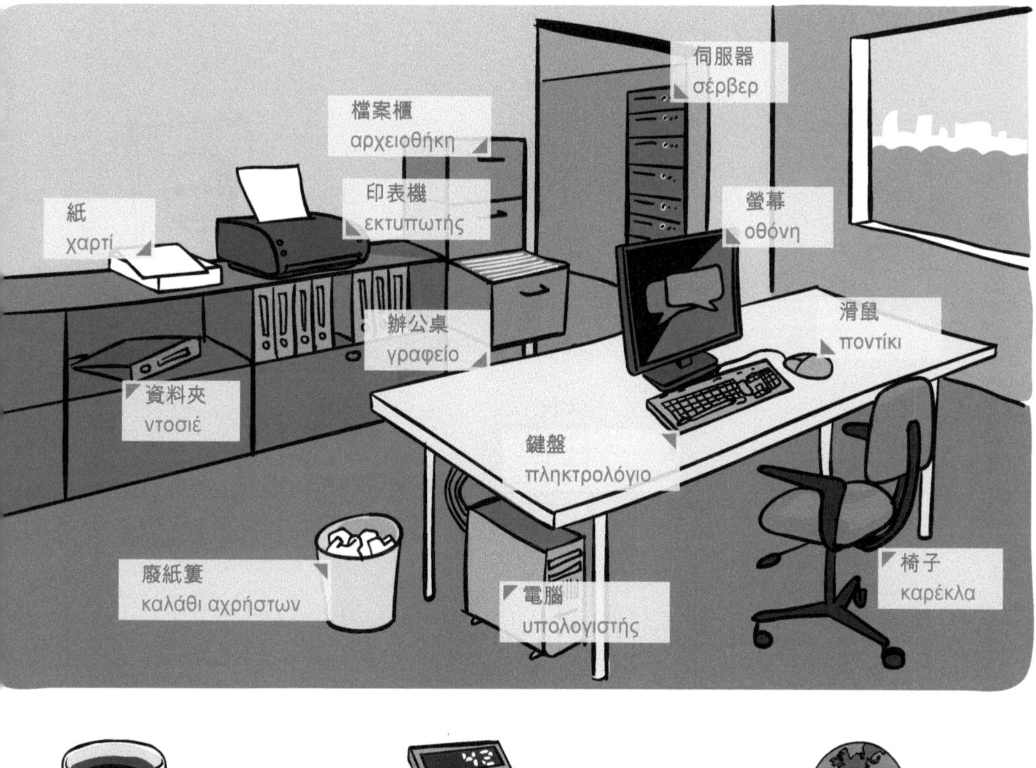

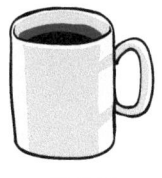

咖啡杯

κούπα του καφέ

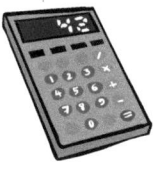

計算機

κομπιουτεράκι

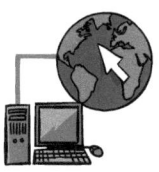

網際網路

ίντερνετ

筆記型電腦

λάπτοπ

信件

γράμμα

簡訊

μήνυμα

行動電話

κινητό

網路

δίκτυο

影印機

φωτοτυπικό μηχάνημα

軟體

λογισμικό

電話

τηλέφωνο

插座

πρίζα

傳真機

συσκευή φαξ

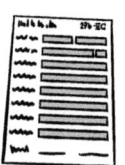

表格

έντυπο

檔案

έγγραφο

買
αγοράζω

付錢
πληρώνω

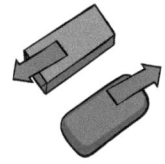
交易
συναλλάσσομαι

現金
χρήματα

美元
δολάριο

歐元
ευρώ

日元
γιεν

盧布
ρούβλι

瑞士法郎
ελβετικό φράγκο

人民幣
ρενμίνμπι γιουάν

盧比
ρουπία

提款處
ATM (αυτόματη ταμειακή μηχανή)

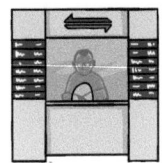

外幣兌換處

ανταλλακτήρια
συναλλάγματος

金

χρυσός

銀

ασήμι

石油

πετρέλαιο

能源

ενέργεια

價格

τιμή

合約

συμβόλαιο

稅金

φόρος

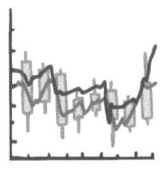

股票

μετοχή

工作

δουλεύω

職員

υπάλληλος

老闆

εργοδότης

工廠

εργοστάσιο

商店

κατάστημα

職業
επαγγέλματα

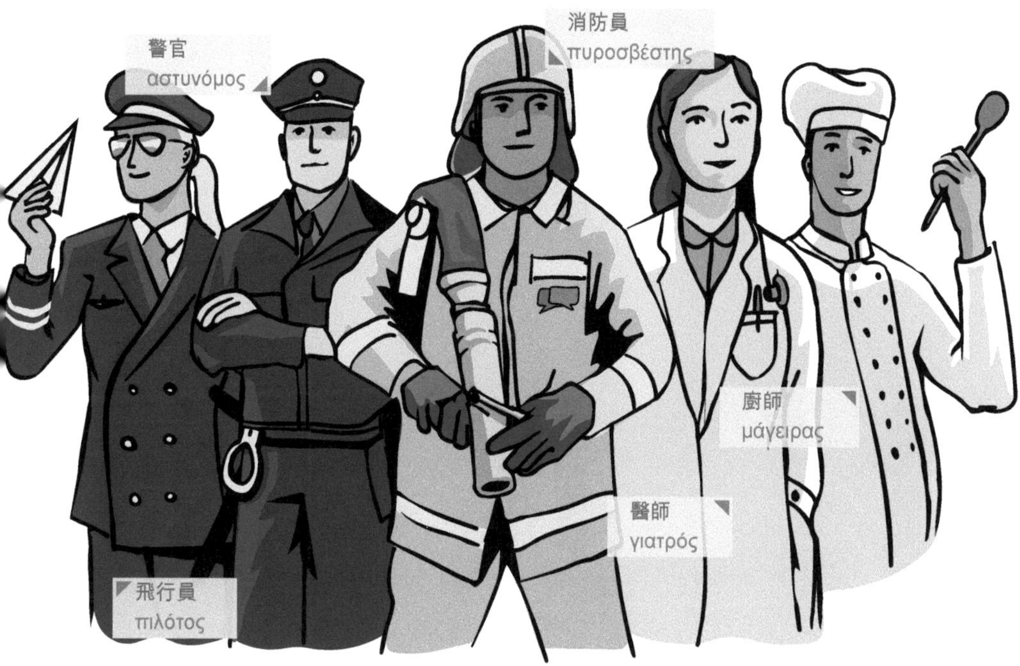
警官
αστυνόμος
消防員
πυροσβέστης
廚師
μάγειρας
醫師
γιατρός
飛行員
πιλότος

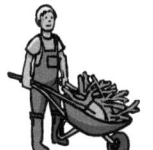

園丁

κηπουρός

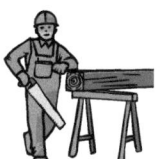

木匠

ξυλουργός

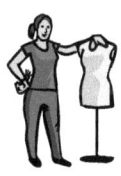

裁縫

μοδίστρα

法官

δικαστής

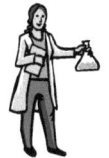

化學家

χημικός

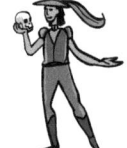

演員

ηθοποιός

公車司機

οδηγός λεωφορείου

計程車司機

ταξιτζής

漁夫

ψαράς

清洗女工

καθαρίστρια

屋頂工

τεχνίτης στεγών

服務生

σερβιτόρος

獵人

κυνηγός

畫家

ζωγράφος

麵包師

αρτοποιός

電工

ηλεκτρολόγος

建築工人

οικοδόμος

工程師

μηχανολόγος

屠夫

κρεοπώλης

水管工

υδραυλικός

郵差

ταχυδρόμος

士兵

στρατιώτης

建築師

αρχιτέκτονας

收銀員

ταμίας

花農

ανθοπώλης

理髮師

κομμωτής

售票員

ελεγκτής εισιτηρίων

機械技師

μηχανικός

船長

καπετάνιος

牙醫

οδοντίατρος

科學家

επιστήμονας

拉比

ραβίνος

伊瑪目

ιμάμης

和尚

μοναχός

牧師

ιερέας

工具
εργαλεία

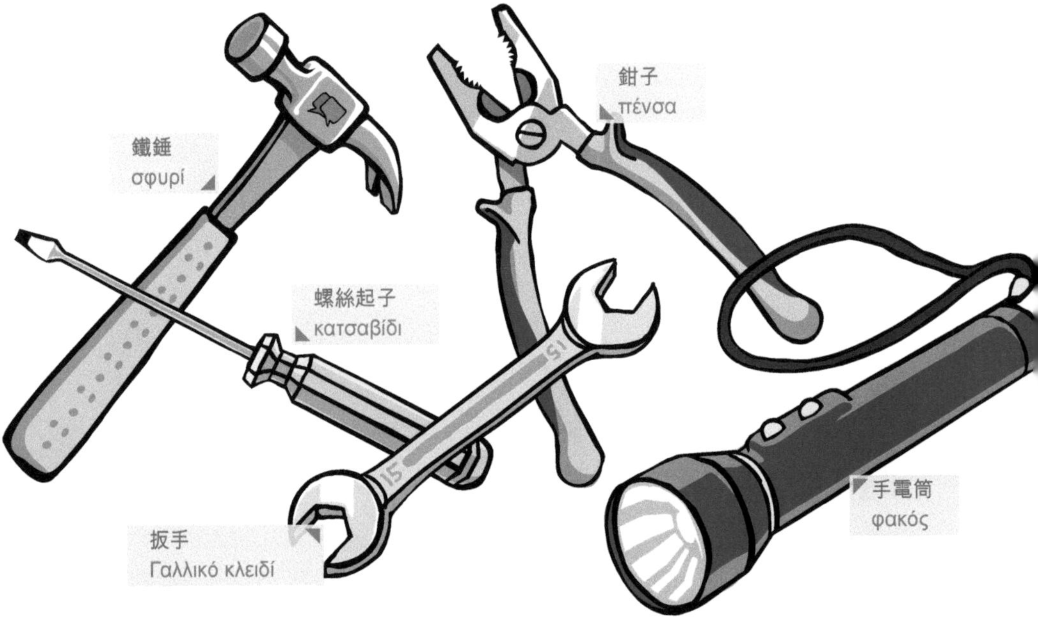
鐵錘
σφυρί
鉗子
πένσα
螺絲起子
κατσαβίδι
手電筒
φακός
扳手
Γαλλικό κλειδί

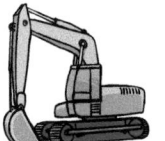

挖掘機
εκσκαφέας

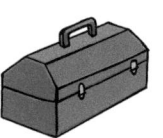

工具箱
εργαλειοθήκη

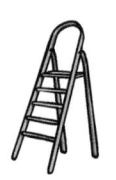

梯子
σκάλα

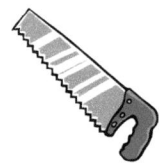

鋸子
πριόνι

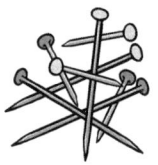

釘子
καρφιά

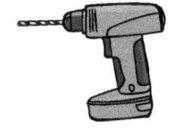

鑽機
τρυπάνι

修
…………
επισκευάζω

鏟子
…………
φτυάρι

糟糕！
…………
Να πάρει!

畚箕
…………
φαράσι

油漆桶
…………
δοχείο χρωμάτων

螺絲
…………
βίδες

樂器

μουσικά όργανα

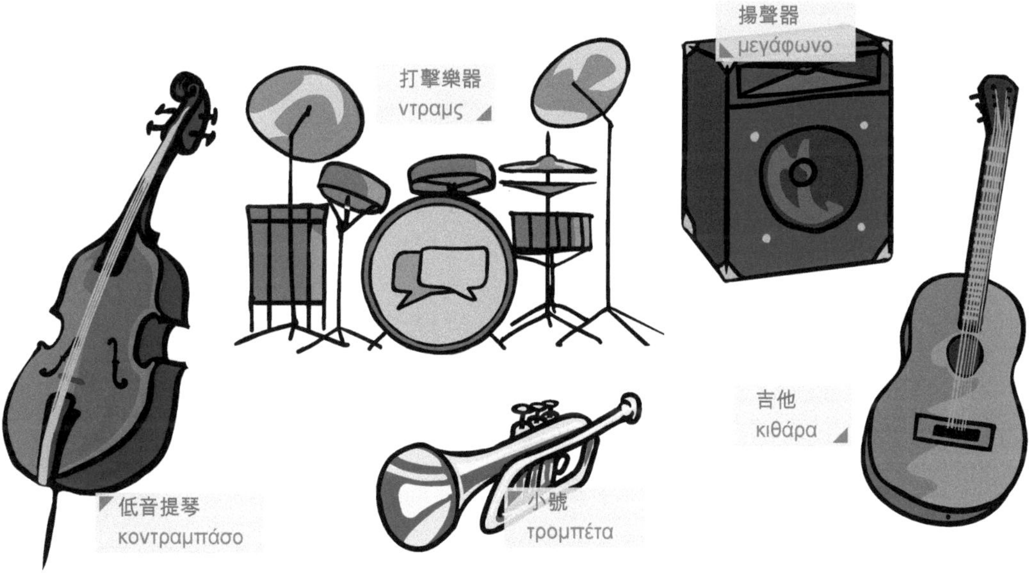

揚聲器
μεγάφωνο

打擊樂器
ντραμς ◢

低音提琴
κοντραμπάσο

小號
τρομπέτα

吉他
κιθάρα ◢

鋼琴

πιάνο

小提琴

βιολί

貝斯

μπάσο

定音鼓

τύμπανα

鼓

τύμπανο

電子琴

πλήκτρα

薩克斯風

σαξόφωνο

長笛

φλάουτο

麥克風

μικρόφωνο

動物園

ζωολογικός κήπος

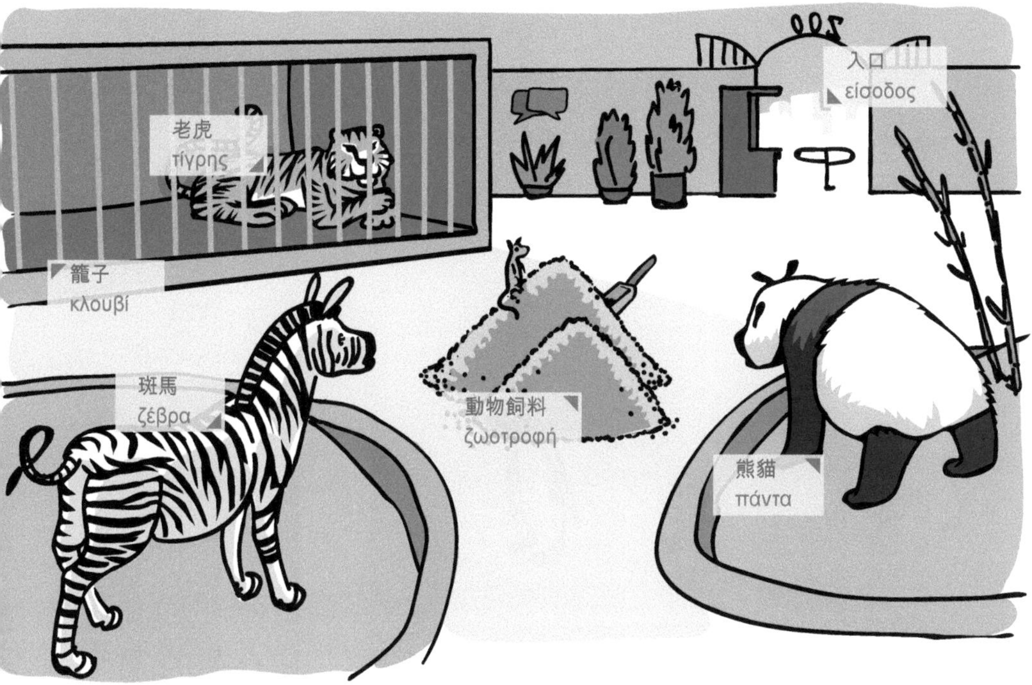

老虎
τίγρης
入口
είσοδος
籠子
κλουβί
斑馬
ζέβρα
動物飼料
ζωοτροφή
熊貓
πάντα

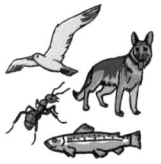

動物

ζώα

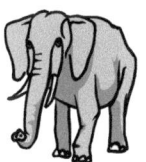

大象

ελέφαντας

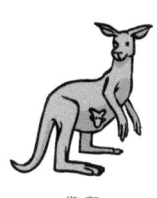

袋鼠

καγκουρό

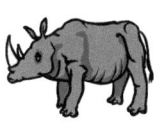

犀牛

ρινόκερος

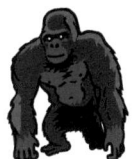

大猩猩

γορίλας

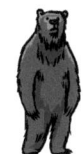

熊

αρκούδα

駱駝
....
καμήλα

鴕鳥
....
στρουθοκάμηλος

獅子
....
λιοντάρι

猴子
....
πίθηκος

紅鶴
....
φλαμίνγκο

鸚鵡
....
παπαγάλος

北極熊
....
πολική αρκούδα

企鵝
....
πιγκουίνος

鯊魚
....
καρχαρίας

孔雀
....
παγώνι

蛇
....
φίδι

鱷魚
....
κροκόδειλος

動物園管理員
....
φύλακας ζωολογικού κήπου

海豹
....
φώκια

美洲豹
....
τζάγκουαρ

矮種馬
πόνυ

豹
λεοπάρδαλη

河馬
ιπποπόταμος

長頸鹿
καμηλοπάρδαλη

老鷹
αετός

野豬
αγριογούρουνο

魚
ψάρι

龜
χελώνα

海象
θαλάσσιος ίππος

狐狸
αλεπού

羚羊
γαζέλα

橄欖球
Αμερικάνικο ποδόσφαιρο

騎腳踏車
ποδηλασία

網球
αντισφαίριση

籃球
μπάσκετ

游泳
κολύμβηση

冰球
χόκεϋ επί πάγου

拳擊
πυγχαμία

美式足球	羽毛球	田徑
ποδόσφαιρο	μπάντμιντον	στίβος

手球	滑雪	馬球
χάντμπολ	σκι	πόλο

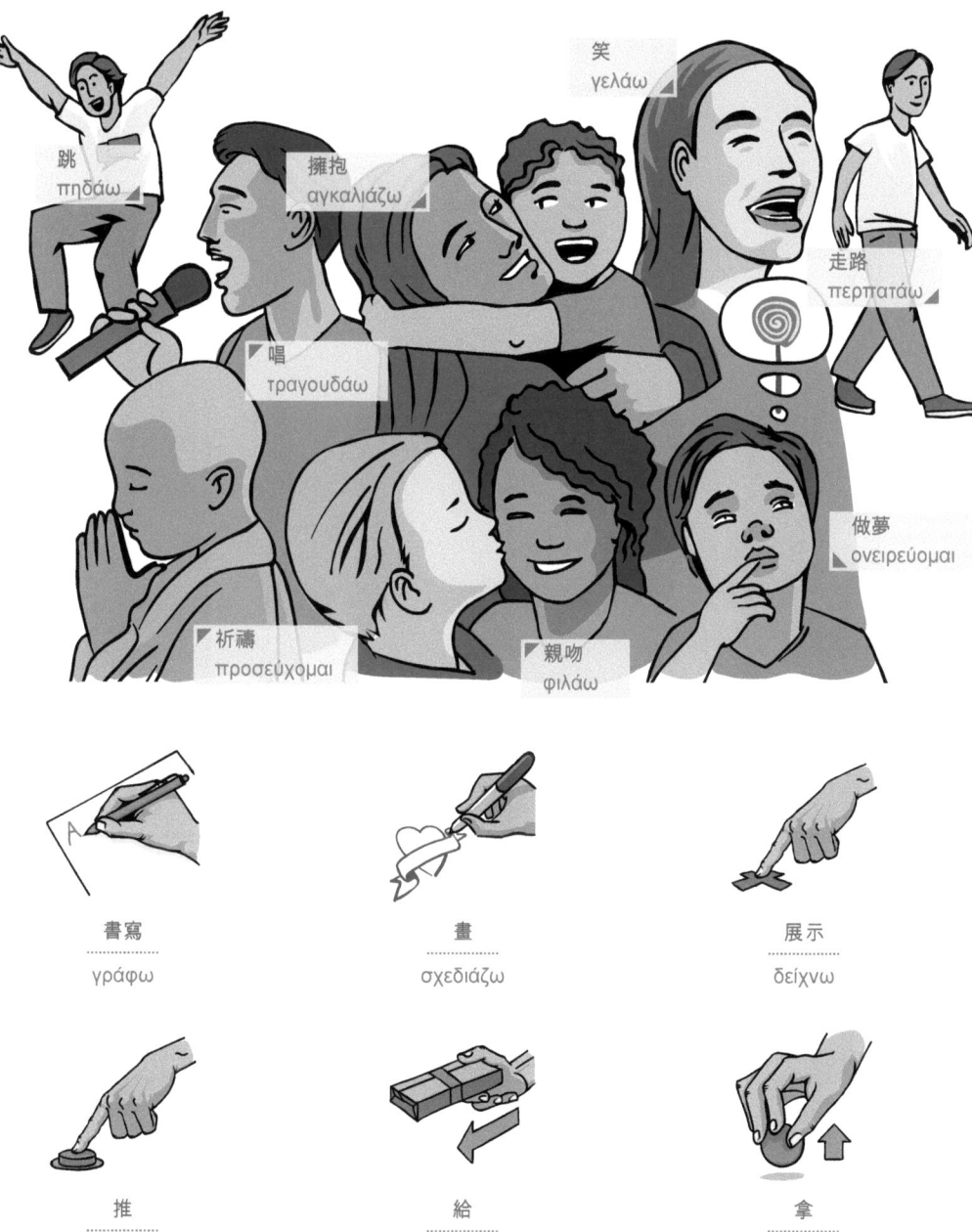

跳 πηδάω

笑 γελάω

擁抱 αγκαλιάζω

走路 περπατάω

唱 τραγουδάω

做夢 ονειρεύομαι

祈禱 προσεύχομαι

親吻 φιλάω

書寫 γράφω

畫 σχεδιάζω

展示 δείχνω

推 πιέζω

給 δίνω

拿 παίρνω

有

έχω

做

κάνω

當

είμαι

站

στέκομαι

跑

τρέχω

拉

τραβάω

丟

ρίχνω

摔倒

πέφτω

躺

ξαπλώνω

等待

περιμένω

攜帶

κουβαλώ

坐

κάθομαι

穿衣

φοράω

睡覺

κοιμάμαι

醒來

ξυπνάω

看
κοιτάω

哭
κλαίω

擊
χαϊδεύω

梳頭
χτενίζω

交談
μιλάω

明白
καταλαβαίνω

問
ρωτάω

聽
ακούω

喝
πίνω

吃
τρώω

清理
συγυρίζω

愛
αγαπάω

做飯
μαγειρεύω

開車
οδηγώ

飛
πετάω

活動 - δραστηριότητες

航行

κάνω ιστιοπλοΐα

計算

υπολογίζω

讀

διαβάζω

學習

μαθαίνω

工作

δουλεύω

結婚

παντρεύομαι

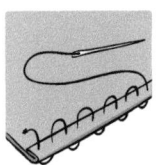

縫

ράβω

刷牙

βουρτσίζω τα δόντια

殺

σκοτώνω

抽菸

καπνίζω

寄

στέλνω

家

οικογένεια

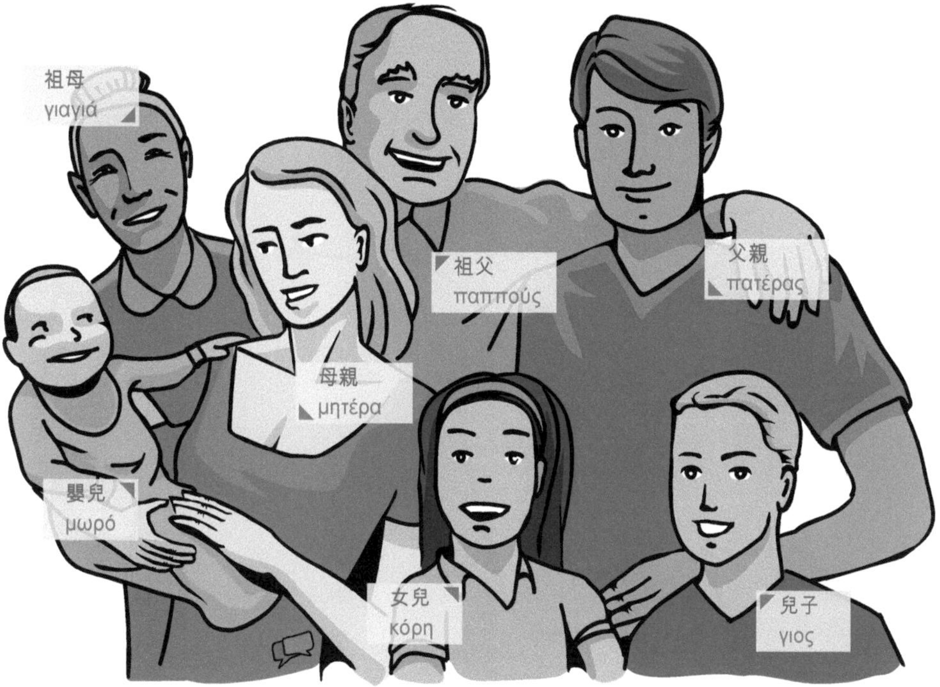

祖母
γιαγιά
祖父
παππούς
父親
πατέρας
母親
μητέρα
嬰兒
μωρό
女兒
κόρη
兒子
γιος

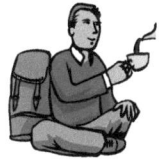

客人

καλεσμένος

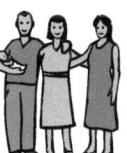

阿姨

θεία

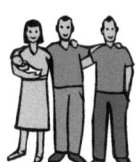

叔叔

θείος

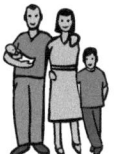

兄弟

αδελφός

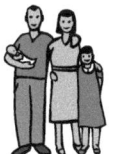

姐妹

αδελφή

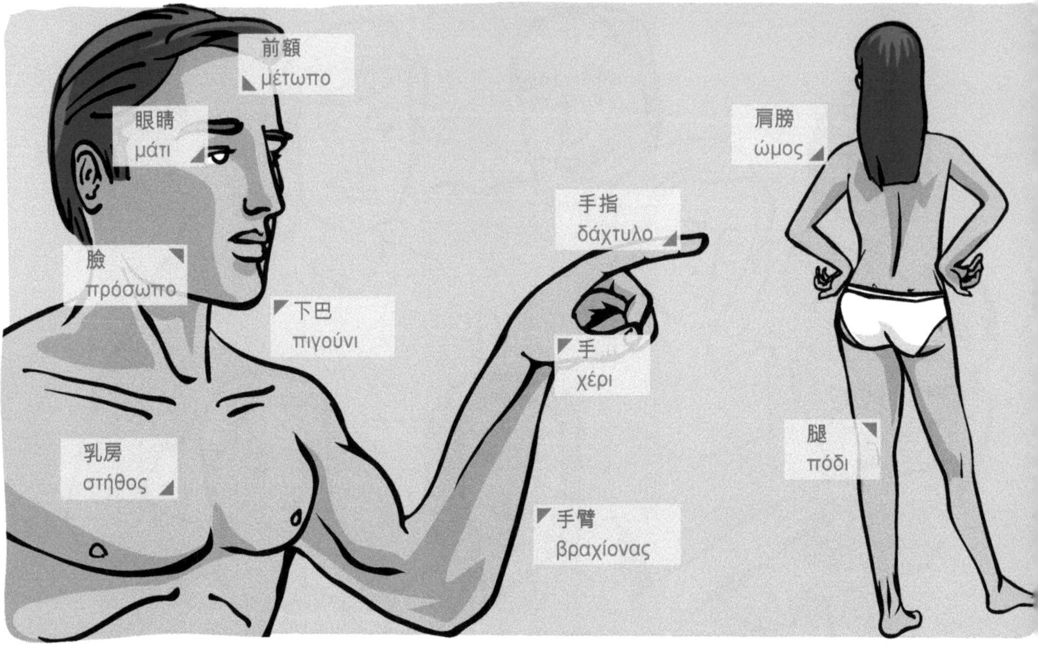

前額
μέτωπο

眼睛
μάτι

肩膀
ώμος

手指
δάχτυλο

臉
πρόσωπο

下巴
πιγούνι

手
χέρι

乳房
στήθος

腿
πόδι

手臂
βραχίονας

嬰兒
μωρό

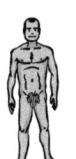

男人
άνδρας

女人
γυναίκα

女孩
κορίτσι

男孩
αγόρι

頭
κεφάλι

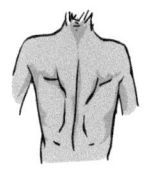

背部

πλάτη

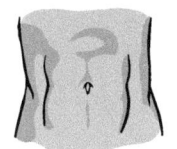

肚子

κοιλιά

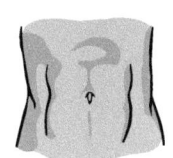

肚臍

αφαλός

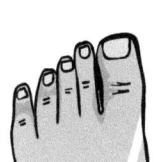

腳趾

δάχτυλο ποδιού

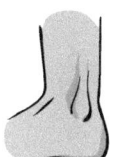

腳後跟

φτέρνα

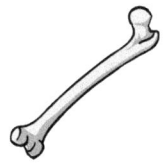

骨頭

κόκκαλο

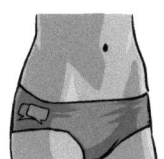

臀部

γοφός

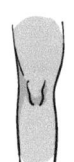

膝蓋

γόνατο

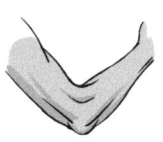

手肘

αγκώνας

鼻子

μύτη

屁股

γλουτός

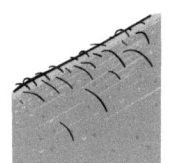

皮膚

δέρμα

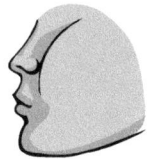

臉頰

μάγουλο

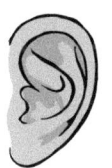

耳朵

αυτί

嘴唇

χείλος

身體 - σώμα

嘴
στόμα

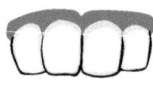

牙齒
δόντι

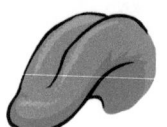

舌頭
γλώσσα

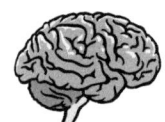

腦
εγκέφαλος

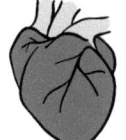

心臟
καρδιά

肌肉
μυς

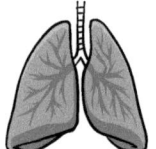

肺
πνεύμονας

肝臟
συκώτι

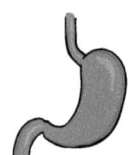

胃
στομάχι

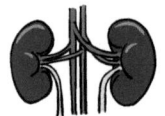

腎臟
νεφρά

性交
σεξουαλική επαφή

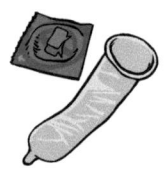

保險套
προφυλακτικό

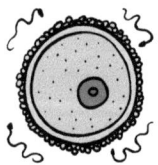

卵子
ωάριο

精子
σπέρμα

懷孕
εγκυμοσύνη

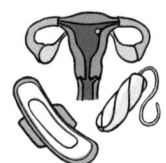

月事

περίοδος

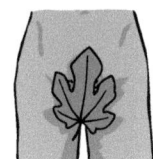

陰道

γυναικείος κόλπος

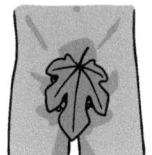

陰莖

πέος

眉毛

φρύδι

頭髮

μαλλιά

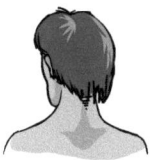

脖子

λαιμός

醫院
νοσοκομείο

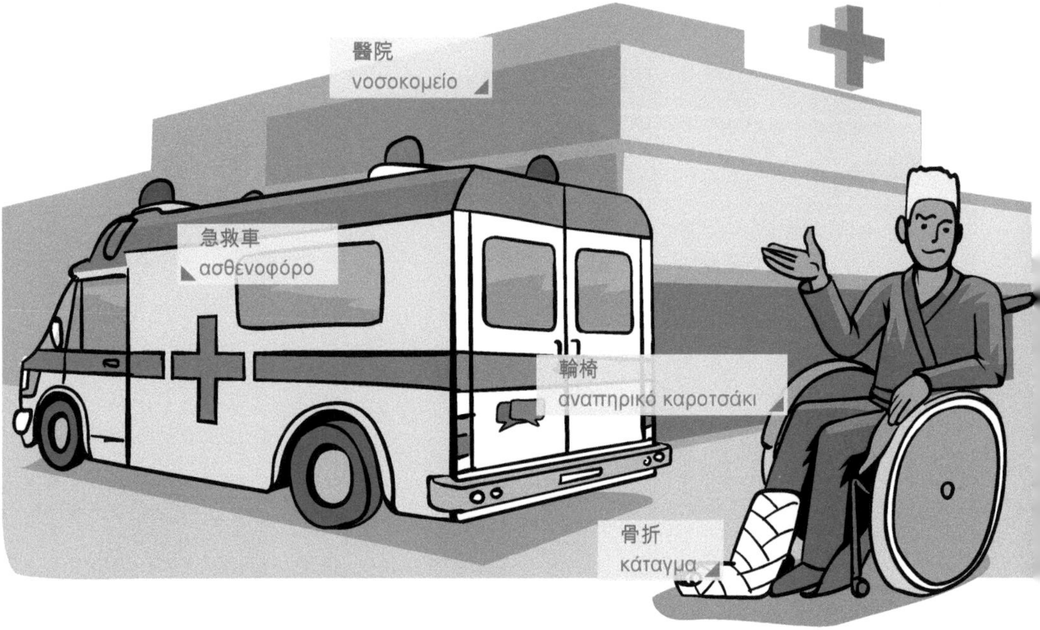

醫院
νοσοκομείο
急救車
ασθενοφόρο
輪椅
αναπηρικό καροτσάκι
骨折
κάταγμα

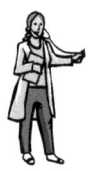

醫師

γιατρός

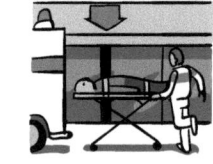

急診室

μονάδα εντατικής θεραπείας

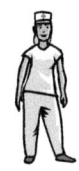

護理師

νοσοκόμα

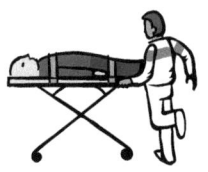

緊急情形

έκτακτη ανάγκη

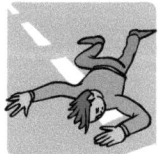

昏迷

λιπόθυμος

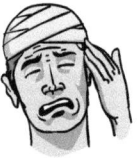

痛

πόνος

受傷
τραύμα

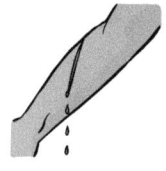

出血
αιμορραγία

心臟病發作
έμφραγμα

中風
εγκεφαλικό

過敏
αλλεργία

咳嗽
βήχας

發燒
πυρετός

流感
γρίπη

腹瀉
διάρροια

頭痛
πονοκέφαλος

癌症
καρκίνος

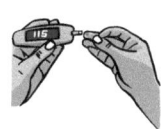

糖尿病
διαβήτης

外科醫師
χειρουργός

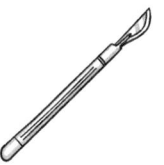

手術刀
νυστέρι

手術
εγχείρηση

電腦斷層掃描

αξονική τομογραφία

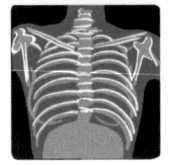

X光

ακτινογραφία

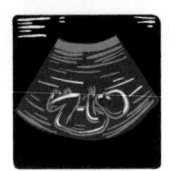

超音波

υπέρηχος

口罩

μάσκα

疾病

ασθένεια

候診室

αίθουσα αναμονής

拐杖

πατερίτσα

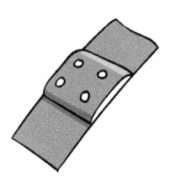

石膏

χάνσαπλαστ

繃帶

επίδεσμος

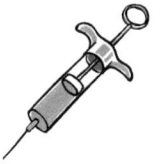

注射

ένεση

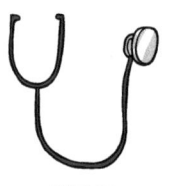

聽診器

στηθοσκόπιο

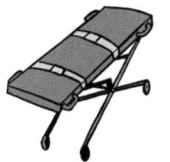

擔架

φορείο

體溫計

θερμόμετρο

出生

γέννηση

超重

υπέρβαρο

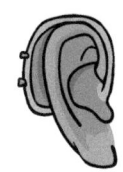

助聽器

ακουστικό βαρηκοΐας

消毒液

αντισηπτικό

感染

λοίμωξη

病毒

ιός

愛滋病

HIV/AIDS

藥物

φάρμακο

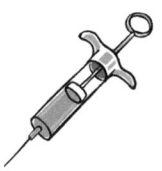

接種疫苗

εμβολιασμός

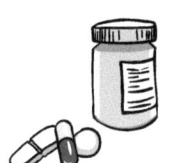

藥片

δισκία

藥丸

χάπι

急救電話

κλήση έκτακτης ανάγκης

血壓計

πιεσόμετρο αίματος

生病/健康

άρρωστος / υγιής

救命！
Βοήθεια!

警報
συναγερμός

突撃
βιαιοπραγία

攻撃
επίθεση

危險
κίνδυνος

緊急出口
έξοδος κινδύνου

失火了！
Φωτιά!

滅火器
πυροσβεστήρας

意外
ατύχημα

急救箱
κουτί πρώτων βοηθειών

呼救訊號
SOS

員警
αστυνομία

歐洲

Ευρώπη

北美洲

Βόρεια Αμερική

南美洲

Νότια Αμερική

非洲

Αφρική

亞洲

Ασία

澳洲

Αυστραλία

大西洋

Ατλαντικός Ωκεανός

太平洋

Ειρηνικός Ωκεανός

印度洋

Ινδικός Ωκεανός

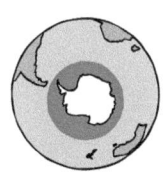

南冰洋

Ανταρκτικός Ωκεανός

北冰洋

Αρκτικός Ωκεανός

北極

Βόρειος Πόλος

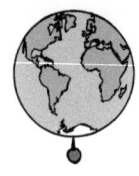

南極
Νότιος Πόλος

南極洲
Ανταρκτική

地球
Γη

陸地
γη

海
θάλασσα

島
νησί

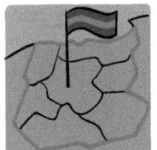

國家
έθνος

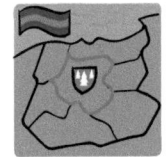

州
πολιτεία

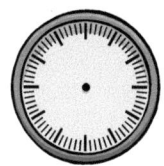

錶盤

καντράν ρολογιού

時針

ωροδείκτης

分針

λεπτοδείκτης

秒針

δείκτης δευτερολέπτων

現在幾點？

Τι ώρα είναι;

天

ημέρα

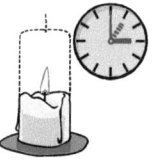

時間

χρόνος

現在

τώρα

電子錶

ψηφιακό ρολόι

分

λεπτό

時

ώρα

週

εβδομάδα

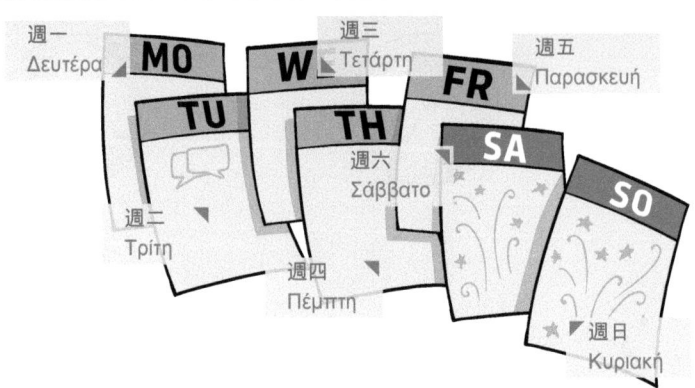

週一 Δευτέρα
週二 Τρίτη
週三 Τετάρτη
週四 Πέμπτη
週五 Παρασκευή
週六 Σάββατο
週日 Κυριακή

昨天
χθες

今天
σήμερα

明天
αύριο

早晨
πρωί

中午
μεσημέρι

晚上
βράδυ

工作日
εργάσιμες ημέρες

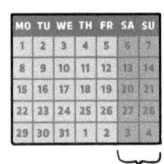

週末
Σαββατοκύριακο

年
έτος

雨
βροχή
彩虹
ουράνιο τόξο
雪
χιόνι
風
άνεμος
春
άνοιξη
秋
φθινόπωρο
夏
καλοκαίρι
冬
χειμώνας

4.APRIL 11°
5.APRIL 4°
6.APRIL 13°
7.APRIL 8°
8.APRIL 10°

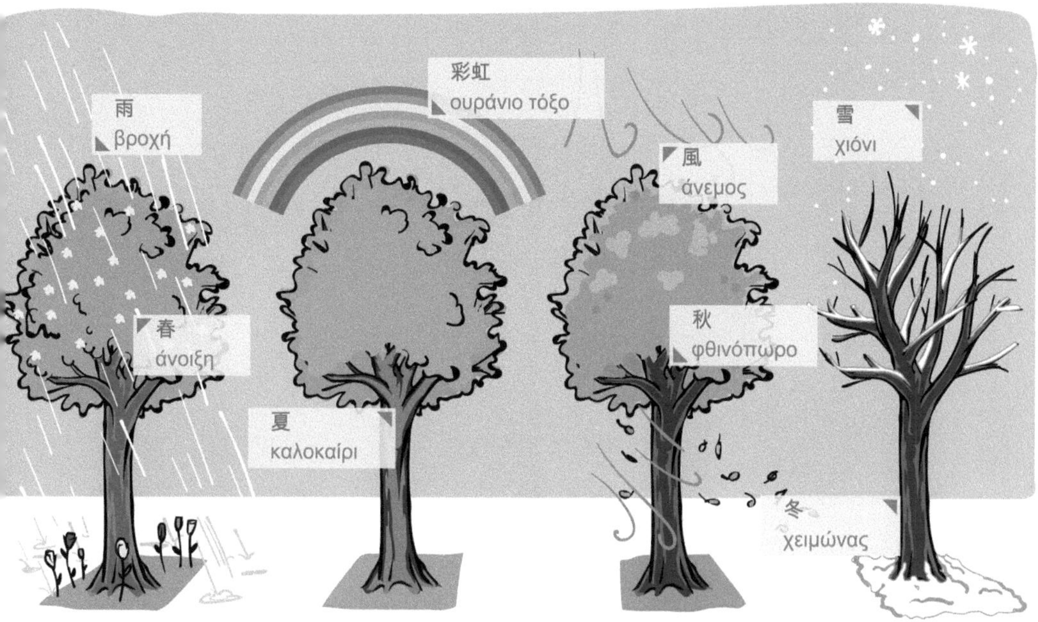

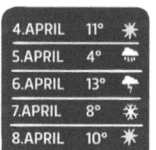

天氣預告

πρόγνωση καιρού

F C
120 90 60 30 0 -30
40 30 20 10 0 -10 -20

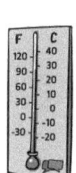

溫度計

θερμόμετρο

陽光

λιακάδα

雲

σύννεφο

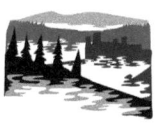

霧

ομίχλη

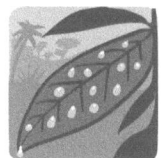

潮濕

υγρασία

閃電

αστραπή

打雷

κεραυνός

風暴

καταιγίδα

冰雹

χαλάζι

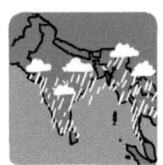

季風

μουσώνας

洪水

πλημμύρα

冰

πάγος

一月

Ιανουάριος

二月

Φεβρουάριος

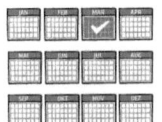

三月

Μάρτιος

四月

Απρίλιος

五月

Μάιος

六月

Ιούνιος

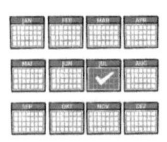

七月

Ιούλιος

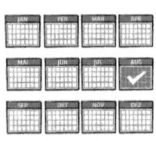

八月

Αύγουστος

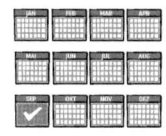

九月

Σεπτέμβριος

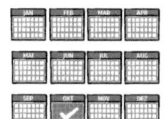

十月

Οκτώβριος

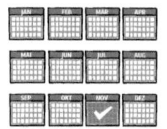

十一月

Νοέμβριος

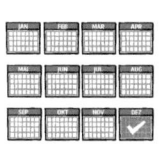

十二月

Δεκέμβριος

形狀

σχήματα

圓形

κύκλος

正方形

τετράγωνο

長方形

ορθογώνιο
παραλληλόγραμμο

三角形

τρίγωνο

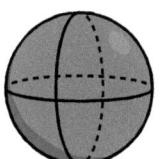

球體

σφαίρα

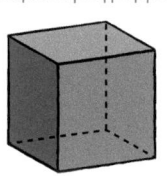

立方體

κύβος

白
άσπρο

黃
κίτρινο

橙
πορτοκαλί

粉
ροζ

紅
κόκκινο

紫
μωβ

藍
μπλε

綠
πράσινο

棕
καφέ

灰
γκρι

黑
μαύρο

很多/少許

πολύ / λίγο

生氣/平靜

θυμωμένος / ήρεμος

美/醜

όμορφος / άσχημος

首/尾

αρχή / τέλος

大/小

μεγάλος / μικρός

明/暗

φωτεινός / σκοτεινός

兄弟/姐妹

αδελφός / αδελφή

乾淨/骯髒

καθαρός / λερωμένος

完整/缺失

πλήρης / ατελής

白天/晚上

ημέρα / νύχτα

死/生

νεκρός / ζωντανός

寬/窄

φαρδύς / στενός

可食用/非食用

βρώσιμος / μη βρώσιμος

邪惡/善良

κακός / ευγενικός

興奮/無聊

ενθουσιασμένος /
βαριεστημένος

胖/瘦

παχύς / λεπτός

第一/最後

πρώτος / τελευταίος

朋友/敵人

φίλος / εχθρός

滿/空

γεμάτος / άδειος

硬/軟

σκληρός / μαλακός

重/輕

βαρύς / ελαφρύς

餓/渴

πείνα / δίψα

生病/健康

άρρωστος / υγιής

非法/合法

παράνομος / νόμιμος

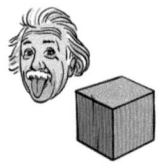

聰明/愚笨

έξυπνος / χαζός

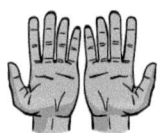

左/右

αριστερός / δεξιός

近/遠

κοντινός / μακρινός

新/舊

καινούριος /
μεταχειρισμένος

沒有/有些

τίποτα / κάτι

老/幼

γέρος | νέος

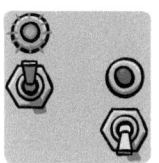

開/關

αναμμένος / σβηστός

打開/闔上

ανοιχτός / κλειστός

安靜/吵鬧

χαμηλόφωνος /
μεγαλόφωνος

富/窮

πλούσιος / φτωχός

對/錯

σωστός / λανθασμένος

粗糙/光滑

τραχύς / λείος

傷心/高興

λυπημένος / χαρούμενος

短/長

κοντός / μακρύς

慢/快

αργός / γρήγορος

濕/乾

υγρός / στεγνός

溫暖/涼爽

ζεστός / δροσερός

戰爭/和平

πόλεμος / ειρήνη

反義詞 - αντίθετα

0

零

μηδέν

1

一

ένα

2

二

δύο

3

三

τρία

4

四

τέσσερα

5

五

πέντε

6

六

έξι

7

七

εφτά

8

八

οκτώ

9

九

εννιά

10

十

δέκα

11

十一

έντεκα

12

十二
δώδεκα

13

十三
δεκατρία

14

十四
δεκατέσσερα

15

十五
δεκαπέντε

16

十六
δεκαέξι

17

十七
δεκαεφτά

18

十八
δεκαοκτώ

19

十九
δεκαεννέα

20

二十
είκοσι

100

百
εκατό

1.000

千
χίλια

1.000.000

百萬
εκατομμύριο

數字 - αριθμοί

英語

Αγγλικά

美式英語

Αμερικάνικα Αγγλικά

普通話

Μανδαρίνικα Κινέζικα

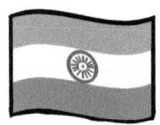

印地語

Χίντι

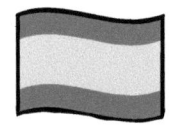

西班牙語

Ισπανικά

法語

Γαλλικά

阿拉伯語

Αραβικά

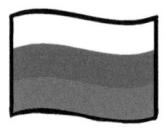

俄語

Ρώσικα

葡萄牙語

Πορτογαλικά

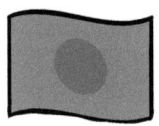

孟加拉語

Μπενγκάλι

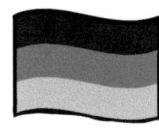

德語

Γερμανικά

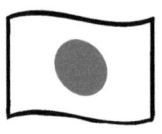

日語

Ιαπωνικά

我

εγώ

你

εσύ

他/她/它

αυτός / αυτή / αυτό

我們

εμείς

你們

εσείς

他們

αυτοί / αυτές / αυτά

誰？

ποιος / ποια / ποιο;

什麼？

τι;

如何？

πώς;

何處？

πού;

何時？

πότε;

名字

όνομα

方位

πou

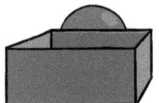

後面
πίσω

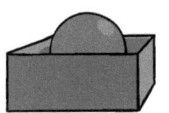

裡面
μέσα

前面
μπροστά

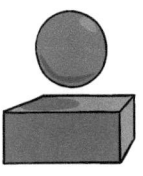

上方
πάνω από

上面
πάνω

下麵
κάτω

旁邊
δίπλα

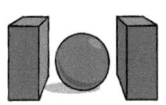

中間
ανάμεσα

地點
μέρος